科学传播伦理学

An Ethics of Science Communication

[新西兰] 法比恩·梅德韦基（Fabien Medvecky）
[澳] 琼·里奇（Joan Leach）　著

王大鹏　方芗　译

清华大学出版社
北　京

北京市版权局著作权合同登记号　图字：01-2021-5386

图书在版编目（CIP）数据

科学传播伦理学 /（新西兰）法比恩·梅德韦基（Fabien Medvecky），（澳）琼·里奇
（Joan Leach）著；王大鹏，方芗译 . — 北京：清华大学出版社，2021.11
书名原文：An Ethics of Science Communication
ISBN 978-7-302-59412-3

Ⅰ．①科… Ⅱ．①法… ②琼… ③王… ④方… Ⅲ．①科学技术—传播学—伦理
学—研究 Ⅳ．①G206.2

中国版本图书馆CIP数据核字（2021）第212832号

责任编辑：刘　杨
封面设计：肖东立
责任校对：赵丽敏
责任印制：宋　林

出版发行：清华大学出版社
　　　　　网　　　址：http://www.tup.com.cn, http://www.wqbook.com
　　　　　地　　　址：北京清华大学学研大厦A座　　邮　　　编：100084
　　　　　社 总 机：010-62770175　　　　　　　　邮　　　购：010-62786544
　　　　　投稿与读者服务：010-62776969, c-service@tup.tsinghua.edu.cn
　　　　　质量反馈：010-62772015, zhiliang@tup.tsinghua.edu.cn
印 装 者：三河市天利华印刷装订有限公司
经　　销：全国新华书店
开　　本：145mm×210mm　　印　　张：4.375　　字　　数：109千字
版　　次：2021年11月第1版　　　　　　　印　　次：2021年11月第1次印刷
定　　价：58.00元

产品编号：093846-01

序　言

看看中间人可能为这个案子辩解的方式。

——《诡辩术的滥用：道德推理的历史》（詹森和图
尔敏，1988）

科学传播栖息于伦理圈的最外围，在这里，关于如何做出伦理判断、选择，甚至是明智的陈述，存在着长期的争论。对我们而言，在此处停顿一下并打量这场辩论的大致情况是非常有益的。哲学家和历史学家，甚至可以说是博学大师的斯特芬·图尔敏（Stephen Toulmin）可能是让我们做这种短暂停留的最有效的向导。图尔敏的学术生涯横跨几大洲并涉及不同的传统，他把伦理和推理上长久存在的哲学传统直接地与同样长久的传播学传统，尤其是说服性传播或者修辞学关联了起来。20世纪70年代中期，在撰写完一系列有关科学哲学和非形式逻辑的著作之后，图尔敏供职于由美国国会成立的国家保护生物医学和行为研究人类受试者委员会（National Commission for the Protection of Human Subjects of Biomedical and Behavioural Research）。在此期间，他与阿尔伯特·R.詹森（Albert R. Jonsen）合作撰写了《诡辩术的滥用：道德推理的历史》（*The Abuse of Casuistry*: *A History of Moral Reasoning*）（1988）。该书试图驳斥道德推理的两个极端：

一方面，有些人认为某些特定的规则和原则是正确的，对他们来说，某些特定的规则和原则现在是正确的，并将永远是正确的。另一方面，有些人拒绝任何时候、任何文化对各国人民进行约束的尝试，认为这是毫无根据的。

简而言之，詹森和图尔敏想通过对于道德推理的每一种可能情况都不足以充分地证实的严格的道德规范来找到一条中间道路，他们需要一种坚持认为每一种情况都如此独特，因而可能不存在普遍的道德推理的彻底的诡辩术。

这对科学传播来说意味着什么呢？在我们看来，截至目前，这个领域正深陷于图尔敏和詹森在20世纪70年代所描述的那种局势的阵痛之中。一方面，一段时间以来，对科学传播"伦理规范"的呼吁已经司空见惯了。科学传播专业实践中的很多人觉得可以应付现有的准则——比如，对于科学传播者来说，公共关系从业者的行为守则和新闻记者的伦理准则都是科学传播"伦理规范"颇受欢迎的替身。另外一方面，我们的学术文献中充斥着一个又一个有关道德窘境插曲的案例研究。这些案例研究表明，无论处理的结果是好还是坏，即使这些研究没有更多地考虑伦理准则，我们都已经对道德窘境进行了处理。

图尔敏告诉我们，在道德推理方面，我们这个领域急需的是一些建议，而不是一种准则，也不是研究无穷无尽的各种案例的机会。他告诫我们要"注意处于中间的人可能对这种情况进行辩解的方式。"这是我们栖息于"中间道路"的尝试。

这就引出了我们在道德推理方面的第一个问题。在科学传播中，谁是那些处于伦理辩论"中间"的人？在大多数情况下，当科学家和传播者被视为道德的冒犯者时，"处于中间的人"就是那些设法理解科学家和传播者的科学实践的大众以及那些真正努力地在科学传播中寻找意义的大众。这并不是说我们不应该去关注科学家和传播者的行为，而是说我们着实需要更多关注的是，科学家和传播者的行为如何为公众构建甚至是制造了道德混乱，以及为科学构建甚至是制造了受众。

这要比只关注于有关科学和传播的公众的道德推理更加困难。让我们可能分心的一个巨大问题在于，科学的伦理使得科学传播的伦理黯然失色，尽管有时它们是不可分割地关联在一起的，但是搞清楚科学传播的缺口与科学的缺口是有益的。

不要被科学家普遍的"伦理"缺口所分心

以所谓的基因编辑（CRISP-R）婴儿为例。2018 年底，贺建奎宣布，一对由他和他的团队进行过基因图谱编辑的双胞胎降生。由此引发了激烈的辩论，同时这也被谴责为违反了科学伦理。《自然》杂志的一个评论员这样写道：

> 通过在人类胚胎中制造出基因突变，随后被用于生产婴儿，贺建奎肆意地跃进到了一个科学可以通过改变人类生殖细胞系而改写子孙后代基因库的时代。他一路上还藐视着有关安全和人类保护的既定规范。（Cyranoski, 2019）

然而，随着更多的信息涌现出来，同样相当清楚的是，贺建奎还蔑视了科学传播的既定规范。不过，只有在更耐心的审查之下，这些东西才会浮现出来。比如，贺建奎选择在一个国际会议的分组会议上而非在学术期刊的一篇文章中宣布他的科研工作，并且把这当成了是一种"公告"而非对"暂时的发现"的一种讨论。各类媒体被召集起来去接受这个"宣告"，尽管当时还无法证实贺建奎确实做了他所说的改变人类基因组的事情，但这一消息立即成为国际科学新闻。在科学传播圈中，因"通过新闻稿发表成果"的做法而遭到谴责的情况，这已经不是第一次出现了。最臭名昭著的一幕可能就是庞斯（Pons）和弗莱西曼（Fleishman）在1989年的一次新闻发布会上宣布他们已经实现了冷核聚变。如今，通过谷歌搜索可以方便地找到"庞斯和弗莱西曼糟糕的科学"（Pons and Fleishman bad science）的内容。虽然他们在1989年并未实现冷核聚变，但他们的做法也标志着把华而不实的公开宣告作为质量上乘的科学传播是危险的。如果没有新闻稿，冷核聚变可能就不会发生。然而，在如何以及何时"知识"才能被称为知识以及公开宣告所导致的伦理问题上，新闻通稿也有着它自己的问题。

贺建奎案的公开声明是众多"道德困境事件案例研究"之一，其中科学伦理与科学传播伦理混乱地交织在一起，此类案例研究是有益的。但是在寻求图尔敏的"中间道路"的过程中，我们想要的不仅仅是案例研究。我们希望通过案例研究能够体现个体语境的独特性，还希望建立更广泛的理论基础，以此能够对科学传播的道德准则做出有意义的回应。如果科学传播要在任何深度上解决它的伦理问题，那么通过借鉴案例研究、探索现有的准则和规范以及通过更广泛地呼吁伦理话语，解决之策将在这个"中间道路"中实现。这就是我们在本书中为之奋斗的"中间道路"。

新西兰，达尼丁　　　　　法比安·梅德韦茨基（Fabien Medvecky）

澳大利亚，堪培拉　　　　　　　　琼·利奇（Joan Leach）

参考文献

[1] Cyranoski, D. (2019). The CRISPR-baby scandal: what's next for human gene-editing. *Nature*, 566, 440–442.

[2] Jonsen, A. R., & Toulmin, S. E. (1988). *The abuse of casuistry: A history of moral reasoning*. Berkeley: University of California Press.

鸣　谢

　　琼和法比安都想感谢我们的许多对话者，这些对话引发了我们的思考，然后就写了这本书。感谢作为这个世界上我们生活和工作的一部分的专业协会，澳大利亚科学传播者组织（Australian Science Communicators）（琼曾是它的主席）以及新西兰科学传播者协会（Science Communicators' Association of New Zealand）（法比安曾是它的主席）资助了我们的一些会议，以让我们有机会与学者和职业科学传播者试验我们的想法。我们的谢意还要送给国际公众科学技术传播网络（PCST）和风险分析学会（Society for Risk Analysis）。感谢我们所有关心科学传播伦理的同事，你们宽宏大量地提供了自己的评论和想法。还要感谢我们在帕尔格雷夫出版社（Palgrave）的编辑以及完善了这本书的匿名审稿人。

　　琼要感谢她在澳大利亚国立大学（Australian National University）和澳大利亚国家公众意识科学中心（Australian Centre for Public Awareness of Science）的同事与学生，他们在研讨会、午餐讨论会和对话中的支持和参与使澳洲国立大学的学术环境更好了。我还要感谢我的搭档菲尔·道维（Phil Dowe），他的全神贯注使他能够快速地切割和改造一种论点，他为我和我的工作提供了无尽的支持。还要感谢我的女儿艾丽丝（Iris）和露丝（Ruth），她们不喜欢循规蹈矩，总是准备与我就伦理和其他很多东西进行理论。

　　法比安要深深地感谢他在奥塔哥大学科学传播中心（Centre for Science Communication, University of Otago）的同事和学生，他们忍受着他长篇累牍地谈论科学传播的科学，以及纵容他在研讨会和对话中谈论这个话题。

　　我还要非常感谢澳大利亚国立大学人文科学研究中心（Humanities Research Centre）对我的招待，为我这个项目提供了访学资助。在比较私人的层面上，我想感谢我的儿子扬尼克（Yannick），他总是提醒我什么是重要的（通常以食物以及享受生活为中心）。

目　录

第 1 章

导论——科学传播有什么好处？

摘要：本章把对知识的珍视与对科学传播的珍视之间的关系作为探讨伦理在科学传播中的作用的开端的一种方式。书中讨论的主要思想和概念所呈现的方式是，从科学传播的核心伦理问题到与科学传播相关的现有伦理原则的简要概述。同时也提出了一个概述性的结构。

关键词：导论；知识的价值；科学传播；伦理

> 知识就是力量。信息就是解放。教育就是每个社会每个家庭获得进步的前提。
>
> ——1997 年 6 月 22 日时任联合国秘书长科菲·安南在加拿大多伦多世界银行 1997 年全球知识会议上的发言。

人们常常认为，知识本善。知识之所以好，并不仅仅是因为知识是有用的，就好像数学客体或硬件工具这样的工具一样。与同理心或平等类似的是，从更高层面、更道德的程度上来说，知识是好的。确实，这个众所周知的叠句告诉我们，为了知识而学习知识是值得的。不仅知识是好的，而且对知识的追求也同样是好的。我们应该把追求知识作为我们所从事的最有价值的事情之一。相反，无知是不好的，知识让我们摆脱了无知的枷锁。学识渊博是好的，而愚昧无知则是不好的。学识渊博是合乎道德的；保持无知则是不道德的。作为知识的组成部分，知识的近亲——信息也同样是好的。收集和理解信息有助于我们成为更好的人。重要的是，这会让我们做出好的决策。常言道，理智的决策是我们所有人都应该努力争取的东西。而教育——对信息的分享和对知识的传授——则是变得理智和更为学识渊博的路径。在这一切当中，知识的道德价值被看作是显而易见的，它是一种位于科学传播核心的道德价值。

科学传播是一个宽泛的术语，是一个众所周知的难以清晰界定的术语。它的界定既可以非常狭义（由科学家或者媒体对科学进行的公众传播）也可以非常宽泛（Trench & Bucchi, 2010）。在本书中，我们对科学传播采用一种宽泛的（broad-church）观点，并且遵循戴维斯（Davies）和霍斯特（Horst）的看法，我们认为，这个术语意味着"在非专家受众为主体的环境中，旨在传播科学知识、方法和实践过程的任何有组织的行动"[①]（Davies & Horst, 2016）。这意味着我们有时候把风险传播、健康传播或者环境传播视为科学传播的形式（比如，当风险是以科学为基础的或有重要的科学内容时）。从根本上说，我们把科学传播视为一种概括性术语，一种涵盖了几乎任何形式的传播术语，在这些传播形式中科学是所传播内容的重要组成部分。

从道德上讲，作为涵盖了公众对科学的理解和公众对科学的参与的总称，科学传播通常被认为是正确的事情，科学传播的道德德性被普遍地认为是毋庸置疑的，并且这种道德上的立足点以一种根本的方式诉诸于知识的道德价值。科学是关于知识的（scientia 这个词根就是指知识）。所以科学传播不只是传播旧的东西；它要传播一些好

[①] 与戴维斯和霍斯特一样，我们把科幻和科学教育都排除在外了。请注意，我们用"非专家"这个术语取代了"非科学家"，因为一个领域的科学家在另外的科学领域仍然是非专家。

的东西，那就是知识。至少有些时候，科学传播是关于科学知识的分享的。它吸收和传授知识，从而传递信息和增加理解。从拥有能够做出知情决策的公众的重要性到在科学上拥有渊博知识的社会的价值，科学传播的文献都对知识的价值和重要性的主张有所反映。

本书的目标是，阐明对科学传播中一些未受质疑的假设，强调某些在伦理上存在问题的方面和实践，以及对广义上理解的科学传播的伦理进行更深刻的反思。这对于实践中的科学传播者、科学传播研究者和那些学习科学传播的人来说都有重要意义。虽然在善于开展科学传播方面（在有效性上），我们付出了大量努力，但是在成为好的科学传播者方面（在道德上）所付出的精力要少很多。我们认为出现这种状况的原因，在于知识的价值往往没有受到质疑。

但为何拥有更多的知识就一定会好过更少的知识呢？具体来说，为什么知识越多越好呢？为什么会这样？对谁来说是这样的？不妨看一下 2014 年《纽约时报》中讨论过的一个例子。

39 岁的詹妮佛（Jennifer）身体非常健康，但是她的祖母年轻时死于乳腺癌，所以她决定对已知会增加患这种疾病风险的两个基因的突变进行检测。当一个基因顾问建议她也检测一下与各种癌症相关的 20 个其他基因时，她答应了。她自认为得到的信息越多，就越好。她说，结果"很离奇"。她的乳腺癌基因没有变异，但是在一个与胃癌存在较高风险的基因上存在着变异。在有这种疾病家族史的人群中，那种变异被认为是非常危险的，所以没有生病的患者也往往会被建议做胃切除手术。但是没人知道在像詹妮佛这样的人身上发现这种变异意味着什么，她们的家族并没有这种病史。（Grady & Pollack, 2014）

也许詹妮佛在这方面拥有较少的知识要好过拥有更多的知识

（Hofmann, 2016）。詹妮佛只是一个例子，我们可能会用这个例子来质疑对知识进行共享的假定道德价值。

在本书中，我们的出发点是，在很多情况下，虽然知识——对它的追求和传播（在道德上）是好事情，但它不总是或不一定是一件好事。对知识，包括科学知识进行的传播必须是一种经过深思熟虑的活动。为合乎伦理地传播科学，我们需要考虑何时这样做才是好事情，何时可能不是；应该怎么做；该让谁参与进来；为什么应该这样做。我们需要为这个领域的伦理学提供一个基础，这也正是本书的目标：为科学传播建立道德基础，以及界定指导这个领域的核心伦理准则。通过调查科学传播的道德基础，我们希望解决处于该领域核心的下列相关问题。

我们何时该参与到科学传播之中？

有时候，"何时"进行传播与传播的内容"是什么"同样重要。对传播时机的敏感性源于古典时代的修辞理论的一个核心原则，当时被称为凯逻斯（Kairos）。这种对"何时"——传播的恰当时刻（kairotic）的本质——的关注避开了科学传播中的很多讨论。然而，这不仅隐藏着伦理议题，而且我们有可能通过对"何时"的关注来指导科学传播实践。有利时机的经典理念还表明，在传播中存在着一种时机或"恰当"时刻。于此存在着一个需要进行的讨论。

在全球范围内，各国政府都把创新吹捧为繁荣昌盛的关键，以及把新兴技术吹捧为全球成功和本土成功的重要组成因素。科学组织也坚信共享丰富的技术和科学结果会把经济和公众推进到新型关系当中。那么何时才是讨论这些细节的"恰当"时刻呢？在"当我们看到的时候我们是知道的"情况下，1975 年召开的有关重组 DNA（脱氧核糖核酸，deoxyribonucleic acid）安全性的阿西洛玛（Asilomar）

会议就是科学传播的有利时刻（Fredrickson, 1991）。该会议所宣扬的观点是，重组 DNA 技术及其研究已经进展到了需要指导方针的时刻，需要对这项技术的使用进行公开辩论，科学家需要明确这一研究的边界。该会议被视为重组 DNA 研究的"起始的终结"，以及需要对公共讨论进行传播的关键时刻。那么，从对凯逻斯的关注的角度说，还有什么对话是尤其及时的——反过来说就是，那些出现得太早或太晚的讨论是什么？纳米技术、人工智能、量子计算和基因编辑的不断发展都属于科学和技术的领域，甚至可以说是"技术科学"（technoscience），因为科学和技术是难以分割的。在这些领域，持续存在着"公开辩论"的呼声。但是要于何时开展这些辩论呢？在科研政策方面的近期进展从一开始就推动着整个研究和创新过程的参与，最为显著的当属负责任的研究与创新（Responsible Research and Innovation）（我们会在第 3 章讨论）。但是这也有一些挑战。如果传播者和科学家过早地进行传播，他们会被指控为"炒作"；传播太晚的话，他们就又被指控为"掩盖"有风险的或有价值的科学。

科学传播者在具体事件中的作用也带来了"有利时机"的问题以及"恰当时刻"的问题。在重创了福岛核电站的悲剧性的地震和海啸发生之后，科学传播者被认为在讨论核泄漏所产生的可能影响、它与食品供应的关系以及它对人类健康的启示上"太迟缓了"，以及不够知识渊博，甚至是给出了错误的信息（Sugiman, 2014）。如果社会科学的预测表明，因为气候变化以及技术的泛在性而让技术驱动的灾难变得更加常见的话，那么科学传播者知道何时是传播的"恰当"时刻吗？在这些紧急情况下，"恰当"适合的定义又是什么？莎士比亚（Shakespeare）在《裘力斯·凯撒》（*Julius Caesar*）中借勃鲁托斯（Brutus）之口道出了这种困境：

世事的起伏本来是波浪式的，人们要是能够趁着高潮一往直前，一定可以功成名就；

　　要是不能把握时机，就要终身蹭蹬，一事无成。

　　我们现在正在满潮的海上漂浮，倘不能顺水行舟，

　　我们的事业就会一败涂地。

故意地保持无知永远是好的吗？

　　就像我们在上述詹妮佛的例子中看到的那样，作为个体来说，显然存在着我们可能愿意对特定的事实保持无知的时刻；知识并不总是一件好事情。但是大部分的科学传播和对科学的参与并不仅仅是有关个人决策的；它还是有关社会决策的。在社会层面上保持无知一直以来都是被允许的吗？甚至是否是可取的？作为公民和社会整体，我们应该总是追求更多的知识吗？在做社会决策时，我们被充分地告知总是并且必然更好吗？我们似乎是这样认为的，但是一些有关无知的重要性的文献可能会让我们重新思考这种基于初步印象的假设。

　　当太阳能于 20 世纪 70 年代末开始在商业上腾飞的时候，它的价格要比如今贵 250 多倍。这似乎是一个能源供应巨大的时代，但这种技术变得切实可行的可行性似乎还遥不可及（图 1.1）。

　　更重要的是，当太阳能电池板在 20 世纪 50 年代末首次引发关注时，它们的效率非常低，生产它所需的能源要比它终生能够产生的能源还要大很多。重要的是，在当时，我们根本不知道太阳能会在环保方面成为真正有价值的东西。有些人认为它会，有些人则不这么认为。那么考虑到它在经济上无以为继，在科学上仍不确定，我们又为何要追求这种技术？部分答案在于有意为之和战略性的无知。在战略上忽视当时的这种事实，不存在追求这种技术的明确理由。当然回头来看，我们可以回顾并思考为何“这总是一个好主意”。但是从历史上来看，科学和技术的进步所依赖的是，用有意的无知来

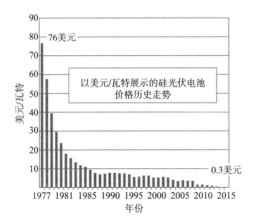

图 1.1　Rfassbind 自制图，以韩进（Hanjin）2013 年的版本为基础，并用 2014 年和 2015 年的平均售价进行了调整（1977—2013 年的原始数据来自于彭博新能源财经；2014 年的数据以 2014 年 6 月 26 日 EnergyTrend.com 网站上的平均售价 0.36 美元 / 瓦特为基础；2015 年的数据以 2015 年 4 月 29 日 EnergyTrend.com 网站上的平均售价 0.30 美元 / 瓦特为基础，并与当前现货市场价格进行了比较。网址为：https://commons.wikimedia.org/ w/index.php?curid=33592736）

推动那些我们没有理由相信它们将来会有用或取得成功的领域。在这里值得注意的是，我们追求的绝大多数科学和技术手段并不会带来有任何明确价值的东西。而且在许多情况下，这些手段可能是徒劳的——试想下有多少短命的技术……还有人记得":CueCat"吗？①。在某些较罕见的情况下，这些方法所提供的要比我们预期的多。但在所有情况下，只有我们有意地忽视某些事实时，比如成功的可能性很低，可能难以解决的经济成本等，我们才能追求这些方法。从社会层面上来说，我们都从这种有意的忽视中受益。就像拉韦茨（Ravetz）的俏皮话说的那样，"如果在关键时刻进行一下成本收益分

———————————

① :CueCat 是一个像猫一样形状的条形码扫描器，它可以让用户通过扫描在印刷物品或目中找到的条形码来打开一个链接。《个人电脑世界》（*PC World*）杂志认为它是"有史以来 25 个最差的技术产品"之一。

析，那么帆就永远不会让位于蒸汽了"（Ravetz, 1987）。幸好我们在当时忽视了这个事实！

那么，无知并不总是我们要去避免的一种恶行。确实，有时候它可能是可取的，甚至是必要的。那么无知这个角色如何影响了科学传播的规范性基础？我们可以利用哪些道德原则来帮助我们穿过科学、知识、无知和传播之间的交叉路口？

把科学兜售出去的条件是什么？
把科学故事化的伦理是什么？

在电影《搏击俱乐部》（*Fight Club*）中有一个富有诗意的时刻，恰克·帕拉尼克（Chuck Palahniuk）对他的角色和电影的窘境做出了这样的反思，"因为到目前为止的所有事情都是一个故事，从今以后的所有事情也都是一个故事。"科学传播者越来越认识到了这一点，并且开始通过各种方式让科学和技术故事化。让科学和技术故事化的逻辑来自社会心理学的各种理论与试验。而社会心理学研究似乎表明，作为人类理解的有效载体，故事有效地"劫持了"人类认知。确实，作为本书两位作者之一的利奇教授了 20 多年的科学传播课程。她所使用的最有效的实践之一就是，围绕着宏大故事或其他原型故事的核心结构叙事讲述科学故事。叙事学家把这称为"寓言"（fabula）——围绕着角色（对象）可以采取行动的故事结构，如果你愿意，还可以加上人格特质。因而，科学生涯可以像《约伯书》（*Book of Job*）那样进行叙事化处理——长期饱受苦难但崇高的科学家围绕着持续试验的叙事结构而开展工作。科学家乃至试验本身可以仿效经典英雄叙事的弧线，科学和技术本身则围绕着"打开了潘多拉的魔盒"让叙事得以展开。

更为关键的是，对科学框架的讨论已经向传播者亮出了一个旗号，即在任一时刻，有关科学和技术的流行话语中存在着的框架可能是有限的（Bubela et al., 2009; Nisbet, 2009）。

但是，让我们在这里暂停一下。在生产端，告诉科学家和刚刚崭露头角的科学传播者存在着能够对科学的叙事进行建构的框架，以及这些叙事似乎会引发大众的共鸣是一回事。而对这种叙事进行倡导则是另外一回事。采用这种技术，我们可能会给科学和技术带来的潜在伤害是什么？不能被轻易地塞进这种故事之中的情节怎么办？这些叙事结构中遗漏的或者隐含的是什么呢？如果它比这要更加复杂，我们要自担风险吗？

科学传播者要受制于给他们发薪水的人吗……给他们发薪水的人又是谁呢？

对科学和技术进行传播的形式不单单关系到故事的水平。这些形式还包括位于更高组织层面上的科学传播的体裁和媒质。进入这一讨论的最简单方式就是以科学新闻中的"原生内容"为例。最近，琼在一份全国性大报上看到了一篇非常有意思的文章，内容涉及失眠原因的大脑研究。她顺便还注意到文章中引用的研究来自当地的一所大学，但同时也提到了国际研究项目的名称。很显然，当地大学是把这篇文章作为软文刊登在了这份报纸上。琼立刻就产生了怀疑。然而，这篇文章是一个被该大学雇用的非常著名的科学记者撰写的——内容很好，研究也非常合理。

鉴于大型机构的参与和大量金钱的投入是产生科学和技术的背景，那么这种存在于媒体内容、体裁以及科学记者日益变化的角色之中的趋势会在多大程度上引发我们对科学传播的担心？"跟着钱走"通常是调查或批判性地捕捉一个议题或学科领域的记者非常可靠的指针。但是如果记者本身就"卷入其中"又会如何呢？有关新闻的标准伦理原则基本上会说，只要一个记者需要说出任何特别的东西，那么他们就不再客观地发挥记者的功能了。然而，我们一些最好的内容就是在这种情境下开始生产出来的。我们需要重新考察科学、科学传播和科学新闻相遭遇时的伦理规范吗？

科学传播本身合乎伦理吗？

科学传播通常被视为道德上正确的事情。确实，科学传播的道德德性通常被认为是不言而喻的。但那是否意味着，在适当的条件下，科学传播这种行为多半是好事情。或者是否意味着，科学传播作为一个领域和学科在道德上是好的，即便某些科学传播行为未必是好的。我们倾向于认为大多数领域是道德中立的，每一个领域都有能力导致（道德上）好的和不好的后果。鉴于化学可以帮助我们研发抵抗疾病的新药物，我们通常认为它是好的；但同时也因其为化学武器提供新材料，而通常认为它是不好的。然而，化学本身既不好也不坏。但是有些领域则给自己披上了道德德性的外衣，最知名的就是所谓的危机学科，比如保护生物学（Cox, 2007）。毫无疑问，在保护生物学的名义之下，有人可能从事了一些道德上存疑的事情，但是这个领域本身被认为是存在着道德上高尚的任务的。在其他因素不变的情况下，保护生物学是道德上正确的事情。所以科学传播也是"道德上正确的事情"，或者说科学传播更像是化学，是一个与道德无关的领域，它会带来好的和不好的后果。

显然，对科学传播所作的很多主张都把这个领域视为一种社会公益，是一种有用且必要的项目，并且更有可能的是，它是比具有道德中立性的经典领域更具有道德推动力的一个危机学科（Meyer & Sandøe, 2012）。我们被告知说，出于经济的、民主的和社会的原因等，向公众传播科学是重要的（Stocklmayer, 2001）。但是也有人担心，科学传播在事实上可能会导致某些公众对科学在社会中的角色产生扭曲的认知。同样地，还有人担心，我们视为科学传播的很多东西只不过是对"品牌科学"的广告宣传（Burns & Medvecky, 2018）。这些挑战迫使我们重新思考作为一个领域的科学传播的基于初步印象的道德德性。如果我们被告知说科学传播确实是一个特别的道德项目，那么我们就需要深入思考我们持有这种立场的正当理由是什么。

科学传播的指导性伦理原则是什么？

科学传播的伦理混杂性意味着，这个领域必然位于伦理张力的中间。那么我们该如何着手建立科学传播的道德基础以及如何在这些伦理迷宫中找到我们的道路呢？对于科学传播来说，部分挑战在于它混合了不同的领域，而每个领域都有自己的指导性伦理规范和原则。最为突出的就是科学规范、新闻职业道德、公共关系理论准则和传播伦理。有关科学的四种默顿学派的规范是共有主义、普世主义、无私理性和有条理的怀疑（简称 CUDOS）。这些是指导着该如何开展科学研究的规定性规范，也就是我们如何从事好的科学。新闻职业道德有很多形式，但是一些核心要素则非常普遍，也就是报道中的真实性和精确性，以及危害有限原则。这些都是指导性的和约束性的，也就是我们该如何去做好的（科学）新闻。它们也通常被写在非常精确的指南中（Journalists, 2014）。最后一点，传播有它自己的一套伦理原则。这些原则建立在如下的前提之上，"合乎伦理的传播通过鼓励真实性、公平性、责任、个人诚信正直和对自我及他人的尊重提升了人类价值和尊严"（NCA, 2017）。就传播伦理来说，关切不仅仅在于"我们如何开展（道德上）好的传播"，还在于我们如何利用传播在世界上创造更多的好东西——这与新闻伦理类似，它也是非常精确且具有约束性的。

所有这些原则都为科学传播者提供了有用的指南，[①] 但是它们有时候也会向不同的方向发力。比如，"倡导共享信息、观点和感受"的传播伦理指导方针就难以与以科学的非个人化特征为先决条件的默顿学派的普世主义规范相一致。同样地，"支持对观点进行公开且平民式的交流，甚至是支持记者们认为令人反感的观点"的新闻指导方针就与"谴责那些贬低个体和人性的传播"的传播伦理指导方针相冲突。但是我们没有理由认为其目标就是对所有可能的指导方针形成一个好的、简洁的复合体。所有这些张力都表明，在明显不能为大部分科学传播提供指导的情况下，科学传播实践和研究不应该对这些现有准则中的任何一个照单全收。

与希望为科学传播找到一个连贯的、放之四海而皆准的伦理不同的是，位于这个领域之中的人可以利用每一个以及任一个伦理指导方针，只要它们同正在从事的实践相关的具体情境有关就好。就职于媒体机构的科学传播者可以遵循新闻的伦理准则，而在公共对话中传播其研究的科学家则可以在默顿学派的规范中寻求指导。"使用任何最合适的准则"这一方法的问题在于，很多科学传播往往位于夹缝之中。是的，有些科学传播是科学新闻，有些科学传播是公共关系，还有些科学传播是科学实践的一部分，但是很多科学传播并不完全合乎这些类别的任何一类。

本书的前提是，我们认为，在科学传播上存在着某些特殊的东西，这些东西需要有它自己的伦理立场。对于在它自己的身份认同中推动这个领域向前发展的实践和研究来说，界定科学传播的伦理原则是非常重要的。虽然科学传播是各种领域混合的产物——从科学到传播学到新闻学，再到社会学以及更多的学科，但是科学传播

---

① 还有一些针对科学传播的原则和准则的建议，虽然它们并未非常清晰地表述为伦理原则，在它们的适用范围上（适用于谁以及在什么情境下适用）存在着明显的变异性。我们在第 9 章会简要地探讨这些。

已经在专业上和学术上变成了它自己的领域和学科。它可能是一个相当新且正在萌芽的领域，但那是它自己的事情。科学传播不仅仅是它各部分的总和，通过对一系列广泛的领域和学科进行融合，科学传播还打开了新的、独特的空间，同时也带来了新的、独特的挑战。

毫无疑问，科学传播还很年轻，这个领域在专业上和学术上正处于塑造其自己身份的过程中。这也是它需要有自己的伦理原则的原因。界定是什么造就了（道德上）好的科学传播是界定这个领域是什么以及它代表着什么的一个重要且必要的部分。

虽然科学传播可能会利用科学、新闻学、公共关系和传播学，但它实际上与这些领域是截然不同的——科学传播就是科学传播。它所需要的是一个具体指向科学传播的张力的伦理指南，并且在这样做的过程中来帮助界定科学传播代表着什么。

本书为合乎伦理的科学传播呈现了一系列准则。本书的第一部分由第 2 章到第 4 章组成，它概述了价值观（尤其是伦理价值观）、科学和传播之间的关系。第 2 章讨论了科学与价值观之间的互动，包括在不同时代与科学共舞的不同形式的价值观。第 3 章讨论了有关科学的各种规范性准则，从默顿学派的规范到生物伦理学，再到新近的负责任的创新之类的行动。所有这些，都以这样或那样的方式，使传播成为伦理实践的有机组成部分。作为第一部分的最后一章，通过考察新闻、公共关系和更广义上的传播中的伦理准则，第 4 章把注意力从科学的伦理转向了传播的伦理。

在此基础上，本书的第二部分直接地把解决上面介绍的相关问题作为仔细思考拥有一种科学传播伦理需要采取什么行动的一种方式。第 5 章把对凯逻斯（*Kairos*）的位置或者恰当时机的深入研究作为一种伦理考量。第 6 章在转向考虑无知的价值之前首先弄明白传播在共享知识中的范围和局限性，从而再次讨论了知识的价值。接下来的两章围绕着对科学在可靠且精确信息上的承诺提出挑战的议题而展开，第 7 章解决的是讲故事、说服和精确性之间令人不适的跳跃（dance），而第 8 章则讨论了经费资助在科学传播中的作用。

有了上述考量，本书结尾的 3 章基于原则主义对科学传播伦理提出了充分的理由。第 9 章提出了原则主义，以及特别为科学传播定制的一组四项原则。在第 10 章中，我们通过几个案例研究做出了一个实用性的转向，思考了这种针对科学传播伦理的"原则主义者"方法在实践上意味着什么。最后，在第 11 章我们用一个有关科学传播的内在道德力量的元问题作为结束。我们问的不是"如何合乎伦理地传播科学"，而是"科学传播内在地合乎伦理吗"。

还有很多我们没有涉及的方面，没有一本书可以宣称它在这个话题上是近乎全面的。然而尽管在科学传播的个别伦理方面开展了大量工作，在尤其以科学传播为目标并且为科学传播而定制的伦理上，我们尚未建立起任何路径。通过本书接下来几章的旅程，我们向着拥有"科学传播伦理"可能意味着什么迈出了第一个但尚未坚实的步伐。

参考文献

[1] Annan, K. (1997). *If Information and knowledge are central to democracy, they are conditions for development*. Paper presented at the Address given to the World Bank Conference on Global Knowledge, Toronto, ON, Canada. http://www.un.org/press/en/1997/19970623.sgsm6268.html.

[2] Bubela, T., Nisbet, M. C., Borchelt, R., Brunger, F., Critchley, C., Einsiedel, E.,…Hyde-Lay, R. (2009). Science communication reconsidered. *Nature Biotechnology, 27* (6), 514.

[3] Burns, M., & Medvecky, F. (2018). The disengaged in science communication: Hownot to count audiences and publics. *Public Understanding of Science, 27* (2), 118–130.

[4] Cox, R. (2007). Nature's "crisis disciplines": Does environmental communication have an ethical duty? *Environmental Communication, 1*(1), 5–20.

[5]　Davies, S. R., & Horst, M. (2016). *Science communication: Culture, identity and citizenship*. Wiesbaden: Springer.

[6]　Fredrickson, D. S. (1991). Asilomar and recombinant DNA: The end of the beginning. In K. E. Hanna (Ed.), *Biomedical politics* (258–298). Washington, DC: National Academies Press.

[7]　Grady, D., & Pollack, A. (2014). Finding risks, not answers, in gene tests. *The New York Times*, p. 22.

[8]　Hofmann, B. (2016). Incidental findings of uncertain significance: To know or not to know—That is not the question. *BMC Medical Ethics, 17* (1), 13. https:// doi.org/10.1186/s12910-016-0096-2.

[9]　Journalists, S. o. P. (2014). *Society of professional journalists: Code of ethics*. Society of Professional Journalists.

[10] Meyer, G., & Sandøe, P. (2012). Going public: Good scientific conduct. *Science and Engineering Ethics, 18*(2), 173–197. https://doi.org/10.1007/s11948-010-9247-x.

[11] NCA. (2017). *Credo for ethical communication*. National Communication Association.

[12] Nisbet, M. C. (2009). Framing science: A new paradigm in public engagement. In L. Kahlor & P. Stout (Eds.), *Communicating science* (pp. 54–81). New York: Routledge.

[13] Ravetz, J. R. (1987). Usable knowledge, usable ignorance: Incomplete science with policy implications. *Science Communication, 9*(1), 87–116. https://doi. org/10.1177/107554708700900104.

[14] Stocklmayer, S.M. (2001). *Science communication in theory and practice* (Vol. 14). Dordrecht: Springer Science & Business Media.

[15] Sugiman, T. (2014). Lessons learned from the 2011 debacle of the Fukushima nuclear power plant. *Public Understanding of Science, 23*(3), 254–267. https:// doi.org/10.1177/0963662513494973.

[16] Trench, B., & Bucchi, M. (2010). Science communication, an emerging discipline. *Journal of Science Communication, 9*(3), C03.

第 2 章

伦理、价值观和科学

摘要: 科学与价值观的关系一直充满着火药味。实际上,人们还是会经常听到科学对客观性的主张。以众所周知的塔斯基研究为起点,本章明确地阐明科学要成为值得的和好的科学,就不仅不是无涉价值的,而且也不应该以此为目标。这就导致了对各种形式价值观的讨论,也就是社会文化价值观、经济价值观和伦理价值观。鉴于本书以伦理问题为核心,所以我们特别关注伦理价值观,包括对如何不同方式应用伦理的讨论。

关键词: 科学中的价值观; 价值观; 伦理

1932 年,亚拉巴马州,600 名人体受试者参与了一项新研究。他们都是黑人,在这 600 名参与者中,有 201 名大体上处于健康状态,而另外 399 名则患有梅毒 (Centers for Disease Control and Prevention, 2009)。在 20 世纪 20 年代末,梅毒被视为是亚拉巴马州黑人群体中的一个大问题,多达 35% 的处于生育年龄的人口感染了梅毒。为更好地理解这种疾病,深入考察其发展状况,从科学和社会两个方面来说都是值得称赞的。实际上,当地社群的领导者强烈支持这种研究,并且积极地参与它的宣传推广工作。这项研究起初只打算开展 6个月,但是梅毒是一种复杂的疾病,对于深入且完整地理解这种疾病的发展状况来说,如此短暂的研究期限是适得其反的。

梅毒是经由性传播的复杂疾病，它包括四个阶段：初级阶段、二级阶段、潜伏期和发病期。在感染后不久（3 天到 3 个月）就会进入第一阶段，并且会在感染发生的接触点看到病灶。如果不加治疗，这些病灶会在病程进入第二个阶段之前持续长达 6 周。在第二阶段可以看到症候从感染的区域扩展至身体的其他区域，最常见的是皮肤、淋巴结和黏膜，其表现形式是皮疹、喉咙疼、体重下降、脱发、头疼等。在 6 周的时间里，这些症状通常会在疾病进入潜伏期之前消失——虽然在某些情况下，第二阶段还会复发。潜伏期没有症状，但是这种疾病依然存在。一个人可能会永久地处于潜伏期中，但是如果不加治疗的话，可能会进入发病期。在那些未经治疗的梅毒患者中，大约有 32.5% 的人会以三种不同的形式进入发病期，晚期良性梅毒（16%）、心血管梅毒（10%）以及晚期神经梅毒（6.5%）（Kent & Romanelli, 2008）。晚期良性梅毒的表现是出现大小不一的柔软的、肿块样球状物，最常见的是出现在皮肤或骨头上。心血管梅毒是血管的发炎，它会带来各种严重后果，因为它会导致组织的血液供应受限。最后，晚期神经梅毒是神经系统的感染，这会导致各种神经性疾病，从脑膜炎到全身麻痹、痴呆以及癫痫。

在 20 世纪 30 年代早期，对梅毒的治疗方法包括水银和铋剂。其成功率不足 30%，还会带来 "有时候会致命的毒副作用"（Centers for Disease Control and Prevention, 2009）。由于这种治疗方法并不乐观，所以更好地理解这种疾病的愿望使得研究期限在起初 6 个月的基础上进行了扩展。鉴于这种疾病在潜伏期会持续数年，所以这项研究的期限不断地进行扩展，以便获得更深入的科学信息。

实际上，即便是 1945 年盘尼西林已经被公认为在治疗梅毒方面合适且有效的时候，这项研究仍在持续监测疾病的进展。重要的是，为了不干扰所采集到的科学数据的质量，研究人员禁止受试者获取到新确立的治疗方法。为了让这种疾病持续其进程，进而提供更深入的科学数据,研究人员并未积极地给参与者提供盘尼西林。

虽然在 20 世纪 60 年代有人对这项研究的伦理问题提出了一些担忧,但是美国疾病控制和预防中心(Centre for Disease Control,CDC)继续为这一研究背书。实际上,美国疾病控制和预防中心直到 1969 年还重申需要看到这项研究得出最终的结论,而这就意味着这项研究要持续地开展下去,直到所有的参与者都去世。

1972 年美联社(Associated Press)发表了对这一研究的报道,此时所有的一切都轰然倒塌了。这篇文章为在科学的名义之下所开展的(不)合乎伦理的实践带来了大规模的公众抗议,并且在这一研究结束时达到了高潮。截至研究结束时,起初的 600 名参与者中仍有 74 名健在。在研究的过程中,40 名参与者的妻子被感染了,19 名参与者的孩子一出生就有先天性梅毒,她们通常是在孕期或分娩过程中传染上了无症状的梅毒。

毫无疑问,"塔斯基黑人男性未经治疗的梅毒研究"(Tuskegee Study of Untreated Syphilis in the Negro Male)是科学研究中最著名的伦理灾难之一。这种说法本身有误,在盘尼西林被使用之前,参与者确实接受了标准治疗,只是没有被有效地治疗。但是事后诸葛亮很容易:设立这项研究的动机理由充足,它也遵从了公认的以及被接受的科学方法,在当时也对这种非常复杂的疾病确实产生了某些最好的科学理解。如果把科学视为是独立于价值观和伦理观的对知识的追求,并且科学就是发表成果和所有这些有价值的科学结果的话,那么从科学上来说,找出这项研究的缺点其实是挺难的……(Rockwell, Yobs, & Moore, 1964)。这正是关键所在。与人们可能喜欢的科学事业相比,没有价值观和伦理的科学就没那么受人钦佩且基本上不那么值得称颂。实际上,塔斯基的研究常常被认为是我们需要研究伦理委员会以及研究伦理指南的原因之一。像塔斯基研究这样的研究所展示出来的一个结果就是,人们愈发认识到,没有伦理的科学根本不是科学，而是一种愚蠢的行径。

科学与伦理一直纠缠不清，科学和价值观的关系更甚。在科学的客观性上一直存在着这种被反复提及的主张。然而几乎没有人真正地认为科学是无关人类价值观的，人们通常持有的观点是，科学要尽可能地不让主观价值受到玷污。以海洋科学家为例，诺埃拉·格雷（Noella Gray）和丽莎·坎培尔（Lisa Campbell）对海洋科学家进行了大规模调查，以了解他们对参与政策过程和从事激进行为的态度和观点。他们注意到，"科学家通常能区分事实（客观的科学信息）与价值观（政策偏好）"。虽然他们的绝大多数受访者认为科学提供了有关世界的客观知识，但是绝非微不足道的少部分人（33% 的从事学术研究的海洋科学家）认为可以把价值观和判断从科学中一起排除掉（Gray & Campbell, 2009）。现在想想这个问题吧（如果你有时间，再回去阅读下上述的塔斯基研究）。正是这种对客观知识的追求——不受一团乱麻式的人类价值观和判断的制约——才使得阿拉巴马州的研究人员没有给参与者提供盘尼西林。如果绝非微不足道的少部分人所支持的从科学中排除价值观的看法被广为认可的话，那么这种结果将会更加常见。

绝大部分科学家只是把科学的研究结果看作客观的，同时承认科学的实践仍然受人类价值观驱动。价值观和判断出现在研究者选择问的问题中，出现在他们选择回答这些问题的方式中，以及出现在其他许多方面。在参与政策过程和从事激进行为的情境下，正是研究结果的客观性使得科学成为一种重要的声音。

在这里，我们要从根本上加以强调的是，科学与价值观存在着复杂的关系。作为一个社会来说，如果我们认为科学是有价值的，那么我们就要做好准备去讨论科学与价值观是如何互动的。并且，如果我们想让科学在这个世界中成为一种善的力量，那么我们就要做好准备去讨论科学和伦理价值是如何互动的。

　　科学似乎不能真正地与价值观分开，科学也总是富含伦理。这问题不大，但是科学和伦理的话题需要放到科学传播者的议程之中。此外，无论一位科学家是不是科学传播者，他（她）也需要对科学的伦理特征有所意识，以便传播者在提出这些议题方面充满信心——以改善科学的和公众的对话与辩论的方式。这不是"恰巧发生的"，就像我们会在本章结尾所陈述的那样，进行伦理推理的能力是应用伦理学中的一个重要结果。为使科学传播达到这个结果，科学传播之中所用的伦理推理的工具、话题和议题尚待进一步研究。需要去思考的一组工具就是在科学本身之中识别出价值观。

价值观的各种形式

　　价值观在科学中有很多不同的自我呈现方式。我们可以从考察那些经常与科学存在互动的价值观的不同类型说起。3 种常见的价值观类型是：经济价值观、社会文化价值观和伦理价值观。

　　经济价值观是个体和社会在考虑交换和交易时放在稀缺资源（包括物质资源和非物质资源）上的价值。最常见的是，它是用价格来衡量的，但是并非必须如此。从根本上来说，一种资源或一个产品的经济价值是个体为获得那个产品而愿意放弃什么或者放弃多少的一种反映。经济价值观在塑造科学方面发挥着重要作用，从促进那些一个单一实体无法单枪匹马地支付得起的大型项目的合作（比如欧洲核子中心和大型强子对撞机）到对采矿或制药行业这样的领域的研究提供激励。从事科学研究在经济上会通过增加工资、拨款资助等方式获得回报。经济价值观还会影响谁来从事科学研究，如得到更多资助的研究中心有大批的博士后，而资助较少的研究中心则主要依靠研究生（Stephan, 2012）。

　　社会文化价值观是对一个社会群体进行界定的习俗、惯例和共有价值观。社会文化价值观可能会反映一个社会在性别平等或所接受的诸如幽默或语言这样的社会互动形式上的观点。社会文化价值观可以通过两种方式成为科学的一部分。首先，发生科学的社会文化背景会影响科学，比如，决定研究者的自主权，或者决定在研究机构中到底什么才算是社会上可接受的性别角色、比例和关系（Longino, 2002）。其次，从科研论文格式中发现的科学研究和写作的语言及结构到把（很少受到质疑的）$p = 0.05$ 接受为显著性的决定因素再到学科之间所感知到的层级结构，科学本身也是一个有其自身习俗、惯例和共有价值观的复杂社会文化事业。所以科学无疑与经济的和社会文化的价值观交织在一起。

伦理价值观是基于道德因素而对一项行动或结果或事件或人的"正确/错误"或"好/坏"的一种测量。从根本上说，无论是作为一个个体还是作为一个社会，伦理都在评判我们生活中的行为是否正确（Singer, 1994）。伦理价值观的范围从关于作为个体的我们该如何行动的问题，比如对你或对我来说在既定情境下什么才是正确的事情，到关于作为一个社会、一个国家或者一个物种的我们该如何行动的大的社会问题，无论这个问题是关于社会行动的还是关于正义的。本书尤其所感兴趣的正是这些伦理价值观，以及这些价值观是如何与科学和科学传播互动的。

伦理共有三个分支：元伦理，它考察的是占支配地位的伦理的根本性问题，比如人类是否有自由意志，以及在更适用的情境中遵从于那里产生的伦理对伦理主张的启示是什么；规范性伦理，它考察的是用来做出伦理决策的理论和推理原则，比如结果主义或道义论（我们在这里不会谈及细节）；应用伦理，它处理的是伦理推理在具体应用问题和话题中的应用。虽然我们会利用元伦理和规范性伦理，但是我们在本书中所关心的主要是应用伦理，即伦理推理在科学和传播上的应用，以及最重要的是，伦理推理在科学传播上的应用。

在更密切地考察既作为一种实践又作为一种原则的伦理越来越成为科学的重要组成部分之前，我们需要注意的一种区别是应用伦理如何得以贯彻。一方面，应用伦理可以从某些伦理理论（某些预先陈述的推理原则）开始，并且把那个理论应用于一个议题或话题。比如，伦理过程可能开始于支持一种结果论（根据这种观点，在道德上正确的事情就是去追求那种会给最大多数人带来最大多数好处的选择），并且把那种理论应用于具体议题，比如是否应该鼓励那些发生了同詹妮佛的情况一样的人对癌症标志物进行所有的遗传测试，包括那些没有家族病史的人。在这种方法中，其起点就是把一个隐含的理论视为是既定的，并且通过算法上的决策来决定（不）应该做什么。这里重要的是确定什么是允许的——这是要找到一个人应该做什么。

或者，伦理过程可以从考虑位于任何伦理理论之前的或独立于任何伦理理论的例子、议题或话题的细节开始。从那里开始，可以对哪种理论（如果有的话）最适用于这个例子做出论证。这种价值论的方法要求认真思考一个议题。它要求考虑所有的方面，并把精力集中于推理过程而非所派生的结果。比如，还以詹妮佛为例，这种方法可能需要认真思考她的处境和情况，然后从那里开始，根据它们的相对优点来思考和判断可能的理论。相对于这个具体例子来说，情况就是这样。这里重要的是认真思考什么是允许的。它是对一个人应该做什么进行推理，而非决定一个人应该做什么。

思考和推理过程是伦理的重要组成部分。如果某人无意或在没有推理的情况下偶然地做了"正确的事情"。比如一张20元的纸币从你的兜里掉了出来，并且意外地落在了慈善捐款箱里。那么，他们的行为在道德上就不可能是值得赞许的。这可能会被看成一种幸运的意外——它向最好的方向发展——但是那并不一样。在伦理中，意图性和推理是重要的。对议题认真又彻底的思考，能够对一个人该如何行动得到理性的决断是伦理实践的关键。在让我们能继续进行这种推理方面，用理论的和概念的工具帮我们这样做也同等重要。这就是图尔敏的"中间道路"，并且它适用于科学、传播和科学传播中的伦理议题。

参考文献

[1] Centers for Disease Control and Prevention. (2009). *The Tuskegee timeline.* Atlanta: Centers for Disease Control and Prevention.

[2] Gray, N. J., & Campbell, L. M. (2009). Science, policy advocacy, and marine protected areas. *Conservation Biology, 23*(2), 460–468. https://doi. org/10.1111/ j.1523-1739.2008.01093.x.

[3] Kent, M. E., & Romanelli, F. (2008). Reexamining syphilis: An update on epidemiology, clinical manifestations, and management. *Annals of Pharmacotherapy, 42*(2), 226–236. https://doi.org/10.1345/aph.1K086.

[4] Longino, H. (2002). *The social dimensions of scientific knowledge.* Notre Dame: University of Notre Dame.

[5] Rockwell, D. H., Yobs, A. R., & Moore, M. B., Jr. (1964). The Tuskegee study of untreated syphilis: The 30th year of observation. *JAMA Internal Medicine, 114*(6), 792–798. https://doi.org/10.1001/archinte.1964. 03860120104011.

[6] Singer, P. (1994). *Ethics: Oxford readers.* Oxford: Oxford University Press.

[7] Stephan, P. E. (2012). *How economics shapes science* (Vol. 1). Cambridge, MA: Harvard University Press.

第 3 章

科学伦理的多样

摘要：奇怪的是，科学传播位于科学和人文之间，有时候被拉向科学的一端，有时候又倒向人文的一侧。通过考察把伦理和道德纳入科学和科学过程中的三种方式，本章把注意力集中在科学这一端。它们分别是着眼于科学本身的默顿学派的科学规范，通常应用于涉及人类所有研究的以参与者为中心的生物伦理准则，以及新近的负责任的研究和创新运动——从更广义上来说它关注的是社会和环境。本章的结尾会讨论每一种方式对传播的重要性。

关键词：科学伦理；默顿学派的规范；负责任的研究和创新；研究伦理

显然，科学并不是在社会真空或道德真空中运行的。实际上，在科学和研究等方面有着一些陈述完备的伦理规范。当然，在这些规范到底应该是什么方面是存在着争论的，如怎样才算科学的伦理规范，但就科学和科学研究的规范来说，有一个最为普遍接受的基础会是一个好的起点。如第 2 章所提及的那样，现在有在涉及人类，尤其是医学研究的完善的研究伦理指南。这些指南在很大程度上源于生物伦理，我们会在下文探讨这个问题，但是首先让我们考虑一下科学、科学研究和更广义上的科学实践这些更广泛的情况。可以说，对科学的实践而言，最广为接受的规范就是默顿学派的规范（Anderson, Ronning, Vries, & Martinson, 2010; Merton, 1979）。这些规范在很大程度上是从科学家的视角出发的，并且关注的是科学研究。
4 种默顿学派的规范分别为：共有主义、普遍主义、无私利性和有条理的怀疑，通常用其首字母缩写的方式表示为 CUDOS。

　　当默顿引入这些规范时，他认为科学家对这些规范的取向让他有了这样一种感觉，那就是"科学的精神气质"——科学是一种道德活动。虽然作为一种政治哲学的"共有主义"在科学研究中可能会有某些追随者，但是默顿提出的想法是，科学本身就是一种共有的活动。作为一个社会学家，默顿非常清楚，从历史上看，作为科学结果的经验性观察基本上就是一种社会事业的结果，而非个体研究人员工作的结果。同样地，默顿认为共有主义规范表明，科学结果应该被视为可以自由地传播的"公共物品"。实际上，他甚至非常羡慕科学家的工作，比如"自由且开放地"参与到传播之中的 J. D. 贝尔纳（J. D. Bernal）。早在 20 世纪 40 年代，默顿就认为知识产权上的制约因素会鼓励科学中的保密性——他把这视为科学中规范冲突（norm conflict）的一种来源，而且情况就是这样。2018 年，瑞安·阿博特（Ryan Abbott）与同事为知识产权分歧太过于常见的生命科学写了一份"管理生命科学中的争议"的便捷指南（Abbott, Lack, & Perkins, 2018）。随着创新成为了一个科学词汇，默顿所预测的规范冲突也加剧了。虽然默顿把共有主义和共享视为科学事业的首要规范，但是这种规范也遭到了一些人的挑战，尤其是那些经济学家们，他们甚至认为苏维埃风格的保密性可以成为科学中新颖性和创新的关键要素。随着对"开放科学"的呼吁和对"开放获取"的转向与因传播而产生的关于机构的知识产权更严格的规定和对负外部性的担忧开始并存，即便存在着争议，默顿的共有主义仍然是一种强有力的规范。

　　默顿对普遍主义的清晰诠释也受到了争议。关于客观性（更多分析见下面），默顿认为普遍主义意味着，与个体科学家受到他们栖身于其中的文化的社会规范的约束相比，他们会更多地受到科学的认知规范的约束。有时候被简称为"在科学上对位于芝加哥的某人来说是真的就意味着在科学上对位于曼谷的某人来说也是真的"。默顿对普遍主义的看法强调了由超越科学家的背景或个人情况之外的科学过程所产生的真理。虽然很少有人对全球的水都会在 0 摄氏度结冰进行争论，但是把有关事实变成一个气候模型却取决于在哪里，引入了什么学科假设以及如何诠释来自冰芯的各种数据点，如都是 0 摄氏度还是低于 0 摄氏度！倡导混合认知方式的观点也对普遍主义这个议题提出了挑战。从乡土知识到酿酒的"风土条件"知识，你是谁这个问题会限制你对事物了解什么以及如何了解的方式，这方面的例子非常多。作为对默顿的一种终极挑战，许多这些认知方式都是科学的，除了在某种意义上来说它们不是"普遍的"之外——它确实取决于你是谁，以及你在何处。

无私利性规范认为，研究人员不该为个人私利而动。在开展研究的过程中，虽然研究人员显然会"在意"结果，但是他们不会厚此薄彼。默顿甚至主张"科学中的低欺诈率"，他把这归因于无私利性规范。然而，约翰·艾奥尼迪斯（John Ioannidis）和其他人共同发现，这种规范是失败的。这其中有很多原因——期刊不会发表没有结果的文章，学术生涯是沿着实验室设置的轨迹发展的，而发表源自新颖领域的真正原始结果非常困难。

最后，也许是受到争议最大的，就是有条理地怀疑规范。默顿试图或许是希望科学家和他们的机构可以从他们的工作中后退一步，公开且批判地考察科学过程的结果以及让他们能到达那里的方法论。这里的想法是，与这个过程的亲密关系不应成为看到这个过程或结果之中的瑕疵的阻碍。批评人士会迫不及待地指出，在当代科学机构中既没有什么激励会让人们给自己的研究挑毛病，也没有太多时间或者内置的框架来让人们展开这种怀疑。

　　但是这一切对于科学传播者意味着什么呢？沿着科学传播需要用概念来讲道理的这一想法，默顿学派的规范成为了科学传播者需要一种定位的一组想法。这种规范有争议就最好不过了——相较于有巨大分歧的科学共同体，科学传播者应该站在何处？

默顿学派的规范向合乎伦理的科学传播者提了一些问题：

- 共有主义：科学传播是针对谁的？科学或者科学的一部分是其方法和结果应该自由地传播的一种公共产品吗？科学传播者对因为知识产权的限制而不可见的研究结果和方法应该持有什么态度？

- 普遍主义：谁的科学最有趣且最重要？虽然20世纪的科学似乎来自北方世界，是否有其他值得传播的科学？其他可能在争抢科学这个标签的知识又如何呢——科学传播者也能发现这些知识吗？

- 记者可能会说，"跟着钱走"。如果无私利性作为一种规范是失败的，那么原因何在？是什么阻碍了自由探索？自由探索会在何处复兴？

- 我们该如何传播怀疑主义？在本书的后面，我们会讨论把时机作为一个恰当的因素，但是，除了传播一直以来都是科学传播中一种因素的不确定性之外，我们还需要——在研究结果似乎"太真而难以相信"时，或者方法没有被均衡地理解或传达时能够传播怀疑主义。在面对新的发展被夸大了的情况下，科学传播者能应对集体的"沉默"吗？

　　第二类规范源自于对研究的参与者的影响的担忧，尤其是人类参与者。这种相反于以科学家为中心的默顿学派规范的以参与者为中心的规范来自于健康研究和医学研究，但是现在已经大大扩展了，并且通常被应用于涉及人类的所有研究之中。涉及人类和更一般意

义上的生物伦理研究的指导原则通常表述如下：对人的尊重，也简称为自治；行善（有时候会分解成两个独立的原则：无害原则和行善）以及正义（Beauchamp & Childress, 2001; Department of Health, Education, and Welfare, 2014）。自治，或者说对人的尊重，使生物伦理成为一套强烈地以人为中心的规范，它与很多以行动为中心或以结果为中心的规范相反。讲清楚对人的尊重这个原则的方式有很多种，但我们把英国临床伦理网络（UK Clinical Ethics Network）作为一个起点（UKCEN, 2018）。它把对人的尊重界定为"尊重自治人做决策的能力，让个体能够做出理性明智的选择"。位于其核心的是，意识到个人恰恰是会最直接地受到研究影响的，比如在新药研发过程中的患者。对人的尊重这个原则要求，在整个研究过程中要尊重且有尊严地对待"个体和集体的福利、信仰、观念、习俗和文化遗产"（NHMRC, 2007）。重要的是，在这种情境下对人的尊重是非家长式的。在生物伦理中，尊重意味着要意识到个体是自决的。应该为那些参与其中的和受到直接影响的个体提供机会和资源，以让他们做出自己的决定。

行善着眼于研究的结果，并且它所采取的看法是，所开展的研究首要的是应该为那些研究直接所影响的或受到研究所影响的人谋求利益，不管这意味着是具体的个人还是更广泛的社群。行善原则还认识到，收益很少是不与风险相伴而行的，所以要进行权衡。其目标是"研究所带来的可能收益必须证明任何伤害或不适的风险的正当性"（NHMRC, 2007）。英国临床伦理网络把行善原则描述为考虑"治疗的收益与风险和成本的平衡；医疗保健专业人士应该以让患者受益的方式采取行动"（UKCEN, 2018）。无害原则（"不带来伤害"原则）有时候会从行善原则中分离出来（Beauchamp & Childress, 2001）。当然，这里也存在着张力。正如英国临床伦理网络解释的那样，"所有治疗都会涉及某些伤害，哪怕是最小的伤害"（UKCEN,

2018），并且大部分研究都不会专门提供任何明显的益处。无害原则要求，最起码，它不应该有意地导致不适当的伤害。

最后，正义（或公平）关注于在研究中出现的分配问题。所有研究都会产生公平性的问题。研究所需的资源是稀缺的——不存在足够的资源可以让每个人都得到他们理想中想要的东西，研究的风险和收益并不是平均分配的（Beauchamp & Childress, 2001）。以英国临床伦理网络作为起点，生物伦理中的正义被描述为"公平地分配收益、风险和成本；其理念是应该用类似的方式对待处于类似处境中的患者"（UKCEN, 2018）。正义原则要求我们不仅思考谁会受到直接的影响，他们的需求和利益可能是什么，以及会产生什么影响，还要认真思考谁会被遗漏或者谁的所得可能要比他们应得的还少。通过考察研究中的互动网络，包括资源、危害或伤害的分配，正义原则带来了位于前端的系统性问题。正义要求考虑每种实践的公平性。

对人的尊重、行善和正义都是非常崇高和美好的原则，但是这在实践中意味着什么呢？如何让这样的原则有助于你或我在具体情况下做出该如何行动的决策呢？这就要谈到原则主义了。原则主义是这样一种伦理方法，它指导行为主体的思考而非影响或决定他们的决策。原则被当成了一种方式，它强调需要思考、评估以及联想起来哪些核心议题。不同于诸如结果主义或道义论这样的伦理理论，原则主义并未对计算哪种行动为对哪种为错，或者应该寻求哪种结果提供一个机械的、算法式的过程。就像《涉及人类研究之伦理行为的国家声明》（*Australian National Statement on Ethical Conduct in Human Research*）陈述的那样，原则"并不是简单的一系列准则。它们的应用并不是机械的。它总是要求每一个个体慎重地思考价值观和原则，运用判断力以及对情境的理解"（NHMRC, 2007）。

原则主义所做的就是，指导行为主体面向绝对必须加以思考的领域。考虑原则主义的一种方式就是，把它作为慎重思考伦理的一个阶段，考虑已经出现在这个阶段的所有可能的关联点。原则所做的就是充当一个聚光灯，把我们的注意力聚焦于那些（合乎伦理的）行动最重要的领域。当然，这个阶段上的所有事情都是重要的。没有一个会被原则主义置之不理。这个原则所强调的是，当思考具体问题时我们应该把注意力聚焦在何处。如果在原则主义中有合乎伦理的法令，它会是"只有当你彻底地考虑好这些原则的每一个如何在 X 中出现或者受到 X 的影响时，对 X 做出的决策才是正确的"。伦理行为要求，最起码，作为做出伦理决策的人，我们认真考虑我们的行动和决策。恰恰是这些促使我们去赞同的决策和行动在原则主义上是开放的。对于某些人来说，这是好事；它把重点放回到了对他们自己的品行负责的个人身上。对其他人来说，这是一种失败；一个伦理系统应该就做什么、何时做以及怎么做提供清晰的指导或准则。

虽然默顿学派的规范和人类研究伦理都被广泛地接受为科学的标准，或者至少在它们所应用之处如此，但是伦理和价值考虑也以不同且不被广为赞同的伪装之下呈现出来。这些方法通常是非常有领域特定性的，比如很大程度上局限于环境问题的预防性原则。负责任的研究和创新（EU，2011）就是把社会和伦理价值观并入已经获得大量支持的研究之中的一种行动。负责任的研究和创新也是领域特定性的，它在很大程度上聚焦于创新，更具体地来说是技术创新（Blok & Lemmens, 2015）。但是负责任的研究和创新的核心概念已经缓慢地渗入到了其原始意图之外的领域之中了，比如农业，负责任的研究和创新在研究治理中发挥了核心作用，至少在欧洲是这样的。实际上，负责任的研究和创新在欧洲研究和创新框架计划（European Framework Programme for Research and Innovation）《地平线 2020》中有其自己的交叉主题"（de Saille & Medvecky, 2016）。其核心是，负责任的研究和创新的前提是，如果要开展以创新为目标的研究，以及如果所开展的研究会把新的产品和服务带入公共空间中，那么这些研究最好要负责任地开展。实际上，这似乎是一个再简单不过的问题了；当然，要负责任地开展研究和创新。那么要对负责任的研究和创新负责任是什么意思呢？

负责任的研究和创新中的责任是为了确保把社会和伦理规范、观点和价值观纳入整个研究和创新过程中，包括对环境、经济等的看法和担忧。重要的是，负责任的研究和创新是非家长式的，是包容的；对研究者和投资者来说，把他们认为的社会价值观和伦理价值观或者他们认为对社会来说最好的东西纳入进来还不够；负责任的研究和创新要求广泛的社会行动者参与进来以确保研究和创新中所纳入的规范是社会的真实反映。实际上，负责任的研究和创新在很大程度上集中于公众参与科学和技术。为让负责任的研究和创新嵌入这些价值观，它还需要研究和创新的过程是有回应的。如果当前的研究或创新轨迹与社会观念和社会伦理期望失调，那么在没有对社会关切做出满意回应的情况下就不应该遵从这种轨迹。虽然有多种方式可以精确地说明负责任的研究和创新可能期望的是什么，但"普遍的共识是，负责任的创新形式应该与社会需求相一致，随着研究项目的发展要对伦理、社会和环境影响的变化做出回应，并且用相互磋商的方式把公众以及传统上界定的利益相关者纳入进来"（de Saille, 2015）。使得负责任的研究和创新对科学传播来说尤其相关的是，它强调公众参与是一件要做的合乎伦理的事情。没有参与的研究被认为是不负责任的。

如果从科学、研究和创新的方面来看待问题的话，那么我们在怎样才算是科学的伦理规范上不会获得什么简洁的画面，不过确实会出现一种根本性认知，那就是社会和伦理是科学必不可少的组成部分。虽然大部分都聚焦于研究的实践及其结果和影响——创新的结果或者对参与研究的人类参与者的影响，怎么才算是合乎伦理的实践更多的是程序性的。使一种实践合乎或不合乎伦理的东西并不是随之而来的行动所产生的影响或结果；从根本上来说，它是关于在整个行动中要遵循的过程的。这个过程必不可少的部分是传播和参与，从默顿学派规范中的共有主义到研究伦理中的知情同意，再到对负责任的研究和创新的参与。在我们努力穿过科学传播的伦理图景时，这是值得继续坚持的一种思想。

参考文献

[1]　Abbott, R., Lack, J., & Perkins, D. (2018). Managing disputes in the life sciences. *Nature Biotechnology*, 36, 697. https://doi.org/10.1038/nbt.4197.

[2]　Anderson, M. S., Ronning, E. A., Vries, R. D.,&Martinson, B. C. (2010). Extending the Mertonian norms: Scientists' subscription to norms of research. *The Journal of Higher Education, 81*(3), 366–393.

[3]　Beauchamp, T. L., & Childress, J. F. (2001). *Principles of biomedical ethics*. New York: Oxford University Press.

[4]　Blok, V., & Lemmens, P. (2015). The emerging concept of responsible innovation: Three reasons why it is questionable and calls for a radical transformation of the concept of innovation. In B.-J. Koops, I. Oosterlaken, H. Romijn, T. Swierstra, & J. van den Hoven (Eds.), *Responsible innovation 2* (pp. 19–35). Cham: Springer.

[5]　de Saille, S. (2015). Innovating innovation policy: The emergence of 'responsible research and innovation'. *Journal of Responsible Innovation*, *2*(2), 152–168. https://doi.org/10.1080/23299460.2015.1045280.

[6]　de Saille, S., & Medvecky, F. (2016). Innovation for a steady state: A case for responsible stagnation. *Economy and Society, 45*(1), 1–23. https://doi.org/10.1080/03085147.2016.1143727.

[7]　Department of Health, Education, andWelfare. (2014). The Belmont Report: Ethical principles and guidelines for the protection of human subjects of research.*The Journal of the American College of Dentists, 81*(3), 4.

[8]　Horizon 2020. (2011). *The framework programme for research and innovation.*

[9] Merton, R. K. (1979). The normative structure of science. In *The sociology of science: Theoretical and empirical investigations* (pp. 267–278). Chicago: University of Chicago Press.

[10] NHMRC. (2007). *National statement on ethical conduct in human research.* National Health and Medical Research Council.

[11] UKCEN, C. E. N. (2018). *Ethical frameworks: The four principles.* From http://www.ukcen.net/ethical_issues/ethical_frameworks/the_four_ principles_of_biomedical_ethics.

第4章

作为伦理行为的科学传播

摘要：科学传播关乎科学，但可能更多是关乎传播。在本章中，我们将转向该领域的传播方面，并介绍与各种科学传播形式密切相关的传播领域中现有的伦理规范和原则。本章首先以一个科学新闻的案例研究为背景，然后概述了新闻伦理、公共关系伦理和来自传播协会的伦理原则，并讨论了这些对我们理解与科学传播相关的伦理有什么帮助。本章最后讨论了修辞学在科学传播中的作用。

关键词：传播的伦理；公共关系伦理；新闻伦理

我们把对传播和参与的看法视为一个伦理过程的必要组成部分。传播通常被呈现为一种道德的行为。恰当地从事科学（想想默顿学派的规范）意味着通过已发表的文章和学术会议报告与学术界和科学共同体中的他人进行传播交流；负责任地对创新开展研究（想想负责任的研究和创新）意味着在研究人员和他们更广泛的社会共同体之间打开传播渠道；合乎伦理地对人类参与者进行研究意味着为了让参与者对参与这种行为做出有意义的决策，要与参与者进行交流，以便他们可以被充分告知。从根本上来说，正确的做法就是去传播。

这凸显了科学和传播之间存在着一个重大的差异点。虽然科学把道德性视为一种外在的限制，但是传播却把道德性接纳为其存在的理由。科学旨在尽可能地价值无涉；传播则是赋予了价值的东西。

另一方面，并非所有的（科学）传播都被认为是合乎伦理的。

2013 年 10 月，澳大利亚电视上顶尖的科学新闻 / 科学节目《触媒》(Catalyst) 以《事情的实质》(Heart of the Matter) 为题对他汀类药物制作了两集系列电视节目。他汀类药物是一种用于降低胆固醇以及帮助预防心脏病和中风的药物。《触媒》的两集节目 "对高胆固醇水平和心血管疾病之间的关联提出了质疑，并且认为他汀类药物的益处被高估了，而它的危害被低估了"(Schaffer, Buckley, Dobbins, Banks, & Pearson, 2015)。这个系列节目的观众估计有 150 万人。这个系列节目的播出被直接地与他汀类药物配药的下降关联了起来，作为观看这个节目的结果，估计高达 5.5 万名患者可能因此停用了他汀类药物 (Carter, 2013)。虽然确实在超出处方规定剂量的他汀类药物和它们的潜在危害上存在着一些担忧，至少在这个系列节目播出时是有这种情况的，但是自 2016 年以来的一项综述却发现了相反的现象：它们的危害被高估了，它们的益处则被低估了 (Collins et al., 2016)。《触媒》所呈现的观点并不是医学共同体的主流观点。实际上，这个系列节目自此就因违反公正性标准和遗漏重要信息而从该电视网络的网站上下架了。但是在某种程度上，这个系列节目展现了公众辩论的一个方面，表明了科学中固有的不确定性等。使这个例子问题重重的是，作为一档在全国广播公司（澳大利亚广播公司）播放的科学节目，作为这个国家一档顶尖的科学节目，这个系列节目有一种固有的权威口吻，那种口吻的影响确确实实地让人们的生命处在了危险的境地中。所以，没错，传播通常被看作做正确的事情，但是它需要在正确的语境下用正确的属性来进行正确的传播。所以这会让科学传播的行为何去何从呢？

在第 3 章，我们考察了科学上的各种伦理限制或相关的空间，并且注意到了传播在每一种限制方面都发挥了核心作用。也许，通过聚焦于科学传播的传播方面而非科学方面，我们可以有更多的发现。这里存在着我们可以深入地思考伦理对于它们意味着什么并且提出相关伦理准则的一系列传播或相关的空间，尤其是新闻伦理、传播伦理和公共关系伦理。这些伦理可能为科学传播带来洞见。

《触媒》的案例讨论了上面提到的担忧，并且因为没能满足澳大利亚广播公司的新闻标准而备受指责。对于什么是"好新闻"以及对记者来说什么是可允许的，新闻有公认的、就算未必得到良好遵守的规范性和伦理标准。虽然这种准则的数量众多，但是这些各种各样的准则在很大程度上共有类似的核心理念。其中，最重要的一方面就是那些力求无偏见地报道事实的原则，包括真实性、精确性、客观性、公正性、公平性等，再就是有限伤害原则以及公共责任原则。新闻报道作为一种基础（grounding），有义务告知并启发公众，以便促进更好的社会正义和加强民主（SOP Journalists, 2014）。实际上，言论自由在传统上被看作正常运作的民主机制的一项核心要求。为了达到这些目的，媒体必须要在其报道中做到精确、无偏见且实事求是。因而，新闻的道德基础也与公共责任相关联，因为根据美国职业新闻记者协会（Society of Professional Journalists）的观点，"合乎伦理的新闻的最高且最首要的义务是服务公众"。然而，在新闻的伦理准则方面，有一个看法是，某些报道会导致严重伤害——经典的例子包括指出信源，或者披露性犯罪的受害者姓名，尤其是未成年人，因而需要把这种伤害的风险与因报道而产生的可能的公共利益进行平衡。当然，并非所有的科学传播都是新闻性的。实际上，其中的大部分更接近于公共关系而非新闻行业。

和新闻行业很相似的是，虽然有一系列公共关系伦理准则，但是它们也共有某些核心原则。两个核心原则是致力于事实精确性以及致力于忠诚。公共关系在伦理上是一个非常有趣的例子，因为它通常被视为从根本上来说是不合乎伦理的，一心谋私的，并且在很大程度上被看作令人不悦的营销的一个同类（Bowen, 2007）。虽然在

公共关系实践中确实存在着那样的情况，但是很多实践或者说公共
关系明显是更以"公众为关注点"的，并且从那个角度来说，它更
加接近于新闻。实际上，美国公共关系协会（Public Relations Society
of America，PRSA）的一个原则就是，"在促进我们所代表的人的利
益方面以及在向公众进行传播方面遵守精确性和真实性的最高标准"
（Public Relations Society of America，无日期①）。类似的是，国际公
共关系协会（International Public Relations Association，IPRA）承诺
要避免"让真理屈服于其他要求"以及避免"流通那些不是以已确
认的和可确定的事实为基础的信息"（Watson，2014）。使新闻和公共
关系真正地区分开来的地方是，新闻致力于平衡和主要为公众服务
的承诺；而公共关系则致力于倡导和忠诚于公共关系专业人员所代表
的人。然而，这种忠诚不是绝对的，它会受到对公众的平衡性承诺
的调节。美国公共关系协会对其成员的要求是，"在促进我们所代表
的人的利益方面以及在向公众进行传播方面遵守精确性和真实性的
最高标准"，以及要"忠于我们所代表的人，同时要以我们服务于公
共利益的义务为荣"。但国际公共关系协会对其成员的要求则是，"进
行传播以避免误解，在所有情况下表现出忠诚和正直，以便让过去
的或现在的客户或雇主，以及受到从业者的行动所影响的所有公众
抱有信心"。在很多方面，大部分科学传播活动更像是公共关系，而
不是新闻。以在公众心里强化 STEM 地位为目标的国家战略旨在实
事求是且精确，与此同时，也明显地倡导了 STEM，实际上，在研
究机构中的传播专业人员通常确实且可以说应该展现出对他们机构
的事业忠诚度。

　　公共关系和新闻都是科学传播的组成部分，但是对科学传播来
说可不止这些，实际上，对传播来说绝对还有更多。大多数科学传播，

---

① 原文如此，下同——译者注

至少作为学术界鼓励的一种情形，受到参与、倾听、双向传播和共同创作的激励。科学传播包括也欢迎所有形式的传播，在更广泛的传播学研究之内，伦理也得到了讨论，尽管讨论的形式不太一致和连贯。实际上，对从 2019 年 3 月起草的国际传播协会（International Communication Association，ICA）的伦理准则（Code of Ethics）与美国全国传播学会（National Communication Association，NCA）的伦理传播信条（Credo for Ethical Communication）进行比较就会使上述观点更加明确。前者在很大程度上是有关合乎伦理的学术成果的，比如学术诚信和科学诚信；剽窃；公平地使用有版权的素材（International Communication Association, 2019），而后者是有关在学术领域之外的合乎伦理的传播的。诸如，真实性，精确性，诚实；理解和尊重其他传播者；"把推动对传播资源和机会的获取作为实现人类潜能以及促进个体、家庭、共同体和社会福祉的必需"（NCA, 2017）。这不应该让我们感到惊讶；传播中充满了伦理，并且对伦理来说是一种挑战，部分原因在于它"既有观念导向，又有实践导向"（Cheney, May, & Munshi, 2011）。一种准则回应了在更具体的方面从事工作的人，而另外一种准则首要地以在概念性领域工作的人为目标。这些不同的准则还强调的是，没有支配一切的准则或共同基础。共同基础的缺乏，使得对应用和理论考量之间的相互作用也要精心演练的科学传播在到底什么是合乎伦理的科学传播上没有太多的进展。

开展传播的责任：从哪里来，为了谁？

也许是时候往回退一步去问一下：我们有责任或义务对科学进行传播吗？当然，默顿学派规范、负责任的研究和创新以及研究伦理都表明，我们理应进行传播。但是这种责任来自于哪里呢？这又是谁的责任呢？默顿学派的规范把传播的责任推给了科学家自己。

相反，负责任的研究和创新把传播的责任置于研究项目之中，它可能是一个研究组织、一个机构，或者一个个体。与很多其他科学传播过程一道，负责任的研究和创新在让科学民主化的政治运动中有其哲学根源。伴随着让科学更开放、更民主的号召而来的是一系列意见和理想，并且在某种程度上，谁应该传播科学以及为什么他们应该传播科学之间的区别是科学传播上长期存在的二重性的一种反映：公众理解科学精神气质的普及化运动，公众参与科学精神气质的民主化运动（Dahlstrom, 2014）。这突出了传播的责任方式，以及谁负责完成这一责任，这是一个复杂的过程，需要多方合作共舞，超越了我们传播的基本原理。对于我们如何看待科学传播中关涉的各种行动者，以及他们的资源的方式方面，在谁有责任传播科学以及这种责任又牵涉到什么所带来的启示上，这具有重大影响。和任何其他活动一样，科学传播也需要资源。这些资源中有一些是物料资源或财务资源，但其他的则更加抽象一些，比如专长（kno-how）。不论是谁来从事传播，他们都需要资源、支持和经验。

我们能对科学传播所说的也就是这些了。它是在所有的伪装之下的一种传播实践，这种实践在社会上是参与式的、嵌入式的、个性的和表现出兴趣的。它是新闻和公共关系的结合体。它还是科学的一部分，或者至少是，科学传播附属于一些科学的精神气质——从其相关性到精确性，以及它对普遍主义和无私利性的渴望。

科学传播利用了这些不同领域的这一事实显然是非常充实的，但它也是张力的来源。在科学传播中反复出现的辩论之一，就是关于科学传播的目的是什么。它的目的应该是理解、参与还是说服？我们会在第 7 章更深入地讨论（Dahlstrom & Ho, 2012）。但也许释放这种张力有些幼稚。也许这种张力源于科学传播在说服无所不在的地方无法掌握修辞这个术语的经典意义——把对修辞这种语言的研究作为传播和说服的一种手段。科学传播这个领域（还包括有争议的新闻）存在着一个基本假设，即修辞 / 说服是不好的，对某些事情进行争论是不好的，说服他人是不好的。另外一方面，提供信息是好的，虽然一个人在不达到某种程度说服的情况下到底该如何提供信息还尚未得到解释，从表面上看，当我们在提供信息时，我们起码是在说服别人我们所提供的信息是真实且精确的。虽然古典修辞学不能为我们提供我们所寻找的道德指针，但是它可能为科学传播伦理提供洞见，并且我们可以利用它，与新闻学、公共关系和传播学这些领域一起，来理解科学传播伦理会是什么样子的。但是我们需要做得更多。我们需要利用科学传播的实践，利用它的失败和挑战，并且以此为跳板来对科学传播伦理绘制一幅更加独特的画面。一幅有关谁应该开展传播、如何传播以及为何传播的画面。我们将从呼吁来自古典修辞学中的凯逻斯这个概念开始。

参考文献

[1] Bowen, S. A. (2007). *Ethics and public relations*.Gainesville, FL: Institute for Public Relations.

[2] Carter, L. (2013). Catalyst fallout: Heart Foundation warns patients stopping anti-cholesterol drugs, statins. *ABC News*. Retrieved from https://www. abc.net.au/news/2013-12-11/heart-foundation-warns-patients-changing-medsover-catalyst/5148802.

[3] Cheney, G., May, S., & Munshi, D. (2011). *The handbook of communication ethics*. New York: Routledge.

[4] Collins, R., Reith, C., Emberson, J., Armitage, J., Baigent, C., Blackwell, L., … Peto, R. (2016). Interpretation of the evidence for the efficacy and safety of statin therapy. *The Lancet, 388*(10059), 2532–2561. https://doi.org/10.1016/s0140-6736(16)31357-5.

[5] Dahlstrom, M. F. (2014). Using narratives and storytelling to communicate science with nonexpert audiences. *Proceedings of the National Academy of Sciences, 111*(Suppl. 4), 13614–13620.

[6] Dahlstrom, M. F., & Ho, S. S. (2012). Ethical considerations of using narrative to communicate science. *Science Communication, 34*(5), 592–617. https://doi. org/10.1177/1075547012454597.

[7] International Communication Association. (2019). *Code of ethics*. From ICA https://www.icahdq.org/page/EthicsTaskForce?&hhsearchterms=% 22ethics+and+code%22.

[8] NCA. (2017). *Credo for ethical communication*. National Communication Association.

[9] Public Relations Society of America. (n.d.). *Code of ethics*. From PRSA https:// www.prsa.org/ethics/code-of-ethics/.

[10] Schaffer, A. L., Buckley, N. A., Dobbins, T. A., Banks, E., & Pearson, S.-A. (2015).The crux of the matter: Did the ABC's Catalyst program change statin use in Australia? *Medical Journal of Australia, 202*(11), 591–594. https:// doi.org/ 10.5694/mja15.00103.

[11] SOP Journalists. (2014). *Society of Professional Journalists: Code of ethics*. Society of Professional Journalists.

[12] Watson, T. (2014). IPRA Code of Athens—The first international code of public relations ethics: Its development and implementation since 1965. *Public Relations Review, 40*(4), 707–714.

第 5 章

关键时刻

摘要：科学传播不仅关乎如何以及为何的问题，它更关乎何时的问题。本章利用古典修辞学上有关凯逻斯的理念来帮我们思考科学传播中某些重大的伦理问题。本章先以科学传播与说服之间不融洽的关系为开端，然后考察了快节奏的媒体景观与科学传播时机的相互作用。传播时机对科学传播事关紧要，因为何时进行传播与大肆宣传和紧迫性都是密不可分的。本章的结尾部分讨论了传播发生的（历史）时刻，以及这与我们受众的（历史）时刻如何相关，因为要成为一个好的科学传播者，时机的问题真的非常重要。

关键词：凯逻斯；说服；科学上的大肆宣传

> 时机就是一切。

如本书序言所揭示的那样，伦理学和传播学中的某些观点已经非常古老了，但是历久弥新，古老并不会让它们变得不好。然而，在更新的传播情境下——比如科学传播，对这些观点的理解并未达到将其完全阐释清楚的地步。凯逻斯就是这样的一个观念，它的观点是"用正确的方式在正确的时间说出正确的事情"。凯逻斯起初是由亚里士多德（Aristotle）和伊索克拉底（Isocrates）理论化的，它是一个很难被轻易地翻译成现代语言的古典的希腊概念——"时机感"比较接近这个词语的意思，但是这个希腊概念略带伦理的色彩（Kinneavy & Eskin, 2000）。凯逻斯意味存在着进行传播的一种"正确"方式以及传播的时间，因此，就一定有错误的方式和时间。修辞学学者谢莉·赫尔斯利（Sheri Helsley）把凯逻斯的概念拆解为"正确"的时机和适当的措施——与时间、地点、发言者和受众的修辞重要性直接相关，对这些因素进行适当且知性的分析，以及在特定情境下利用适当的途径来达到信念的能力（Helsley, 1996）。因此，正确的时间、地点、发言者和受众这种观念对于传播中存在着一个合乎伦理的时刻以及人们会于此形成信念来说都是必不可少的——我们可能更熟悉的是把这称为说服。这个概念的伦理"色彩"来自传播什么和进行那种传播的时机"正确性"。在研究本书中提及的伦理方面，我们把很多的关注点放在价值观上，包括在科学传播中优先对待哪种价值观以及谁的价值观最重要。那么，从凯逻斯的角度来说，"正确"就是科学的价值观、科学传播者的价值观和受众的价值观整齐划一。虽然这种整齐划一可能也需要与被认为是真正合乎伦理的元伦理原则相一致，比如真理、公共利益、社会正义，但是这种凯逻斯的理念对理解以及传授科学传播的伦理方法是有用的，尤其是如果我们把科学传播视为一种说服性活动的话。①

对科学传播来说，说服是一个困难的话题。很多科学传播的模型都倡导"行为改变"，因而必须在这些模型中融入某些说服的模型。考虑一下所谓的助推理论（nudge theory）的流行性——对情境进行精雕细琢以让人们在没有太多思考的状态下做"正确的事情"（Thaler & Sunstein, 2009）。这种观点在政府和其他地方的流行性往往忽视了"助推"的说服性本质，而是相反地聚焦于"助推"所产生的公共利

---

① Silva Rhetoricae, http://rhetoric.byu.edu 是一种对修辞学专业术语提供了非常好的解释的在线资源，这对科学传播者来说非常有用。通过案例把凯逻斯和它相关的术语在古典修辞学中关联了起来。

益。在这方面的一个简单例子，就是向回收瓶子的行为提供小额退款。我们因回收瓶子而接受了几枚小额硬币，并且不需要反省我们的消费习惯或瓶子本身的本质；硬币为"做正确的事情"提供了劝说性的资源。助推的方法之所以有吸引力，完全是因为它们没有对这种方法是如何奏效的说服性本质或者伦理本质加以拆解。昭然若揭的是，科学传播似乎遭受着与助推的方法同样的问题；它自称产生了影响，并且是为了公共利益，但却对这种公共利益是如何达到的说服性本质或伦理本质并不清楚。

在其最草率的方面，科学传播试图呈现的"只是事实"，好像这是可能的，并且否认传播有任何未来的或赞咏式的说服性功能。科学传播者有时候可能会欣然地承认说服，甚至承认倡导至少是他们的角色的一部分——包括倡导科学本身，倡导资助，倡导其他人加入到科学项目中。然而，科学传播本身的说服性力量并未得到很好的理解。科学传播者有时候把科学作为一种权威，作为一种权利话语，他们把突然冒出来的声音接纳为永久地诉诸于证据的一种方式。在其他时候，科学传播者试图制造紧迫性——现在就思考，现在就行动。本章就是我们开始在伦理上思考科学传播之中的时间和时机的问题，以及凯逻斯这种观念如何要求科学传播者用新的方式来反思他们的价值观——在此刻发挥作用的价值观、说服性目标以及传播的方法和策略。

凯逻斯遇到了 21 世纪这个时代

有关始于 1980 年的（美国有线电视新闻网的成立）"新闻周期"加速的问题已经有许多论述了，新闻周期从报道新闻、获得对新闻的反应并且于数天之内再重新开始（新闻周期）这种比较悠闲的步伐转向了全天 24 小时的更快速的演化。社交媒体的出现进一步加速了事态的发展，以至于一些微型博客平台可以在短短几分钟之内就能生产出新闻并对新闻做出回应。媒体分析人士和批评人士指出，这种速度也使体量成为必要——需要更多的内容来生产可以带来更多关注、更多广告和更大影响的更多新闻以及做出更多的回应。

　　科学传播如何"适应"这种快速变化的传播环境？一方面，对科学有更多调节的空间。博客、推特和照片分享应用为科学提供了10年前还不存在的平台，研究人员也充分利用了这些空间（Brumfiel，2009）。另一方面，多并不一定就意味着更好，质量各异的科学传播的供应过剩实际上阻碍了有效的传播。对于一项新技术或发现的描述，谁又没读到过两个类似但稍有不同的版本呢？于是，在一大堆不尽相同的描述中找到一种清楚明白的阐述方面，我们的义务是什么？所以，如果首要的价值是传播扩散精确又有意义的信息的话，那么在更多且更快速的科学传播的受媒体调节的景观中，科学传播者和他们的受众都继承了一系列新的义务。因为我们对科学传播者的义务更感兴趣，所以我们在这里会讨论落在科学传播者身上的一些实际义务，以及设法满足这些义务的方式可能会带来的张力和伦理冲突。

义务 1：科学传播中的内容管理

　　鉴于存在着更多且更快速的（更不要说杂乱的）科学传播的恰当时刻的情境，科学传播者应该思考他们为受众进行有效的内容管理的义务。当"为你的受众定制你的信息"成为科学传播的基本准则时，对材料进行管理、搞懂可能的多样性阐释的意思、把你的科学传播活动置于同（可能会在之前出现，可能会更好或者可能提供了竞争性阐释的）其他人相关位置上的这项工作就是把科学传播者置于同资助者、科学家和其他科学传播者相冲突的位置上（我们会在第8章更深入地讨论这一点）。但是，对内容进行管理的理念与对想法进行百科全书式的采集或专心致志地只传播唯一一条信息的理念形成了鲜明的对比。虽然二者都是极端的表达方式，但是它们也间接地提及了科学传播的常规实践。科学传播者会像百科全书一样地利用事实清单来列出受众对一个科学或技术议题应该知道的所有事情：通过反复地迭代一条具体信息，组织以及个体会利用像推特这样的社交媒体平台来打磨他们的品牌。这两种趋势都有违背我们关键时刻原则的一个明显特征——它们在很大程度上忽视了受众在传播中的需求。所以，虽然科学传播者可能认为他们是在恰当的时候传播恰当的素材，但受众可能会有完全不同的看法，这就是科学传播中价值观上的不一致。

对"何时"进行科学传播保持透明

在本书开篇的地方，我们提到了用 CRISPR 技术编辑人类胚胎的争议，至少在它的传播方面是存在争议的。在这个故事中，关键时刻的方面显然出了问题，并且它还在继续上演。在科学伦理的问题上，谁知道了什么、知道了什么时候并且什么都不说，这与这种技术本身的使用问题差不多。毕竟，至少在某些程度上，透明性是传播相关的。同时还有对不合时宜新闻稿的不满以及可能不合乎伦理的研究人员在违背了伦理的几天内发表了有关伦理问题的文章。我们再次用 CRISPR 作为例子，在贺建奎的工作公之于众的几天之前，他发表了一篇讨论使用 CRISPR 技术伦理的文章（Jiankui, Ferrell, Yuanlin, Jinzhou, & Yangran, 2018）。这篇文章已被《CRISPR 杂志》（*The CRISPR Journal*）撤稿了。我们有"漂绿"的概念——让提议在环境方面看起来合理，也有"洗白"的说法——假装在调查某件事情，但却敷衍了事，所以我们可以快速地回到现状。不过在还不清楚科学的实践是不是透明，甚至是合乎伦理时，是什么让科学的实践看起来透明，甚至是合乎伦理？科学传播有"洗地"（clearwashing）的风险吗？仅仅通过提出伦理议题和问题，科学家和科学传播者在"摆脱"任何伦理责任吗？如果我们满足于只是提及违反了伦理，而没有进一步探讨相应的建议或补救措施，那么科学传播在牵涉到"洗地"的方面，就明显蕴含着危险。那并不是说对科学中的伦理进行传播的指南是简单又容易使用的。但是，它确实表明在追求速度的时代，科学传播者可能发现自己有义务拆解公开宣布、批判性回应、出版物和公众关切的时机所带来的启示。

义务 2：解决何时的问题

虽然科学争议并不是新鲜事，并且科学共同体和科学之外的批判人士都越来越关注科学实践中违反伦理的部分，但是科学传播者需要关注科学的传播规范以及科学本身。CRISPR 案例中"通过新闻稿发布的科学"让我们回想起了早年那个违反了传播规范的臭名昭著的"冷核聚变"的例子——在未经同行审议的情况下，庞斯和弗莱希曼在一次匆忙召开的新闻发布会上向全世界宣布实现了冷核聚变。我们以前就有过这样的遭遇，并且"通过新闻稿发布科学"被独一无二地谴责成了对科学进行传播的坏榜样。科学的历史是由许多事情组成的一个故事，但这个整体故事的一个重要部分就是传播规范在科学中的出现。科研论文的结构、对特定描述性语言的依赖以及在讨论科学研究时"虚拟见证"的地位——任何其他的科学家都应该可以重复这一研究——都是科学传播的规范。当这些规范被违反时，科学传播者应该对这个议题提出怀疑，指出其中的问题，并且提出对这种违反的可能补救措施。这就意味着科学传播者必须知道科学的以及他们自己的规范和价值观。这种义务并不小，但如果目标是在正确的时候传播正确的事情，那么科学传播者就需要知道正确的时候的规范和正确的传播的规范。

凯逻斯遭遇到科学政策和利益相关者的紧迫性

如上所述，被调节了的科学的速度不断加快引出了对内容进行管理的义务。这种义务非常适合于一系列情境。不过，让我们也考虑下情境对与科学相关的速度和关注提出更进一步需求的时候。第一种情境是关于政策制定者的。合成生物学、生物安全、神经科学、人工智能和机器学习——这个名单可以长达几页——提供了政策和科学相遇的情境，并且科学传播者可能会发现他们自己处于不利的地位。政策制定者相当正确地问道，"为对接下来的 10 年制定政策，我需要准备好做什么"。科学家相当正确地听到的却是，"在接下来 10 年里你的科学会生产出的最伟大的东西是什么"。显然，这个对话因为一系列原因并不必然会从这里顺利地进展下去。首先，科学家并不必然知道哪种科学会成为政策前沿以及哪种政策前沿会很好地进入到未来的最佳人选。这需要不同的技能组合，并且很少有重叠。其次，政策制定者过去可能会喜欢这个答案。科学家更愿意经过冗长的文献综述后给出一个更思虑周全的答案。最后，这里的一个重要问题是，用选举周期衡量的政策周期并不能顺利地与平均估计为 6 年的科学发现的时间表或技术发展的时间表——可能是 6~80 年，这取决于你讨论的是一种作物干预、药物研发还是太空探索的副产品——相匹配。顺便提一下，人们可以发现，资助周期——它们自己来驱动发现和创新的一种尝试——在北方国家已经从过去的 30 年收缩到了 3~5 年；这大体上相当于同一地区的很多选举周期。关键在于决策者的时间和科学家的时间之间存在着时机上的严重错配。

回到科学传播者这一方面。制定科学政策的情境对科学传播者来说存在着严重的危险。承诺过多、信马由缰的想象力、过分悲观，甚至是一种打赌的态度都会打败毫无戒备的科学传播者，因为他们试图与政策制定者"关联起来"，政策制定者知道科学传播者在政策和政治周期中位于何处。然而，虽然一般认为科学有一个时间线，制定政策有另外一个时间线，但严重缺乏的是更批判性地反思这会如何影响科学传播。科学传播者的一个关键角色可能不是向政策制定者解释科学或者向科学家解释政策制定，而可能是为各方核验并制定清晰的时间线，从而使他们的时间观念相一致。

　　不论我们用什么方法想在理论上找出哪些人是科学传播的对话者、利益相关者、受众、公众、反公众、不感兴趣的人和不屑一顾的人在科学传播者必须要传播什么东西方面都有着不同的紧迫性。在科学传播中一个没有充分发挥作用的独特情境就是"需要知道"的情境。对于在凌晨两点上网搜索要给发烧的孩子服用多少药物的任何一位家长来说，紧迫性不是一个神秘的概念。那些希望一些信息、一些阐释，以及与科学家或科学传播者进行一些迭代的讨论或对话来为他们做决策、采取行动、控诉以及谋求改变提供所需的东西的公众、利益相关者和反公众（counterpublics）也能感受到紧迫性。这种紧迫性要求成为必需的不仅仅是事实清单，不仅仅是发言人的回应，而是与真正地需要信息的人所感受到的紧迫性相匹配的传播风格。在公众传播的某些领域中，这被贴上了"危机传播"的标签，并且要对这种意外事件有检查清单。这些对指导传播都非常有用，但真正的问题是理解时间在你的对话者心目中的价值。虽然政策制定者的紧迫感是由政策和政治周期所驱动的，但是科学传播者需要理解其他公众的紧迫性，以及是什么驱动了自满、恐慌、沮丧的感觉和对承认的需求。

义务 3：理解并珍视科学传播的紧迫性的本质

　　传播的第一条准则就是"知道你的受众"。本着凯逻斯的精神，传播的第二条准则可能是"知道你受众的紧迫感"。一个附录也可能是"相关的行动者在这种情境下如何理解和珍视紧迫性？"科学传播自己的历史——在"危机管理""制造紧迫性"和更轻松地精心制作关键信息之间向前飞奔——是值得反思和研究的。科学传播者需要回答的问题有很多，尤其是，谁的紧迫性是最重要的？这是一个价值观的问题，并且是值得预先考虑的。对紧迫性进行界定的是处于危机中的科学传播资助者？还是处于危机中的受众？如果曾经有过这种情况的话，何时脱离于对信息的紧迫需求会与科学传播中所有行动者的价值观相匹配？是否存在深刻地感受到了这种紧迫性，然而科学传播尚未反映这种紧迫性的议题，比如气候变化？我们需要在科学传播中培育对凯逻斯的敏感性。一旦详细地阐述了价值观，找到了各方的紧迫感，那么有效的传播就可以开始了。

我们找到了自己所处的时代

科学传播出现于 21 世纪的前 25 年，这是一个有可能对科学和技术大加颂扬、对其未来的发展提出意见，同时对可以从中得到更多的收益表示怀疑的时期。科学阔步向前的叙事把全世界的一部分群体排除在外了，这些群体中的一些是位于南半球的国家，但也不全然如此。然而，位于南半球国家的科学也有其自己独特的形式，科学传播者创造和追求这种科学的新叙事的责任是非常重要的。联合国教科文组织太平洋地区科学主管沙巴兹·卡恩（Shabaz Kahn）有力地指出了"科学是一种人权"，我们由此可推论出，科学传播让那些被科学的叙事所排除的人有可能利用科学。在他看来，科学传播是特定于我们这个时刻的一项伦理事业。

找到成为科学的受害者的那些人也并不困难，比如，血液和组织在并不知情的情况下被取走并且遗传信息掌握在别人手里而不是

自己手里的土著社区——批评人士把这称为"吸血鬼计划"（Kahn,
1994）。找到存在下述状况的一些社区乃至整个国家也不难，那里的
人们对科学和技术在改变气候、改变水供应、改变年轻和年长的求
职人员可用的机会上会做些什么时而抱有希望，时而又表示怀疑。
这意味着科学传播的情境是如此的多元，以至于在正确的时刻做正
确的事情必然会要求尽力解决这种情况之中的伦理。

　　以土著社区为例，位于澳大利亚的土著基因组学国家中心
（National Centre for Indigenous Genomics）发现它们自己拥有从未经
同意的澳大利亚土著居民那里取得的血液样本。位于那里的研究人
员，与各学科的同事合作，最重要的是，通过与土著社区合作，他
们设计了一种磋商实践来决定这些样本的未来用途，这让对于合乎
情理地深感怀疑的受众来说，对复杂的科学进行传播成了一种必需。
其结果就是协同设计了一种科学传播实践，为遗传材料的使用提供
了一个混合的故事，一个由土著澳大利亚人传播并由现代科学"添
油加醋"的故事（National Centre for Indigenous Genomics，无日期）。
这是一个共同花时间来产生一种共同文化的罕见例子，并且持续地
进行法律和监管工作以确保这样的未来是可能的（Dodson, 2000）。

　　我们可以完全理解为何土著居民在他们古老的智慧和贡献被忽
视和破坏了数百年之后，对科学和科学传播者抱着怀疑的态度。它
对土著知识这种"延迟的"认知以及为它如何与科学知识平起平坐
创造了一种情境，一种土著的怀疑主义就是正当的情境。我们满怀
希望地认为，对全球土著知识的认知正在成为一种规范。在这里，
我们必须诉诸于深邃的时间；一种其知识可以追溯到 6 万年前的文化
对仅有 50 年历史的遗传学知识提出了正当的质疑。这是科学传播者
所面临的一个独特情境，科学传播者与来自全球土著群体的领袖和
传播者进行合作的紧迫性迫在眉睫。

　　文化记忆具有强大的力量。比如，在对疫苗的接受程度方面，

在非裔美国人中持续存在的成人流感疫苗接种率的种族差异降到了白人之下。虽然文献考察了包括障碍、可得性、态度在内的传统变量，但是实质上没有考察在很大程度上可能会影响对疫苗的态度和行为的种族因素，包括种族意识、公正和歧视在内。（Quinn et al., 2017）

至少就接种免疫来说，有些人会问到这个问题。我们不难找到非裔美国人对科学和科学传播产生可能怀疑的来源。丽贝卡·思科鲁特（Rebecca Skloot）描述了因卵巢癌而受到致命风险的非裔美国女性海里埃塔·拉克丝（Henrietta Lacks）的故事。这是一个让人十分难过的故事：具有得天独厚条件的研究人员在未经允许的情况下采集了她的细胞，以在研究（和专利）中使用。本书开头所陈述的塔斯基的故事是非裔美国人被不合乎伦理的科学深深地影响到的另外一个案例——有一个小镇因与其同名而苦恼不堪。在诸如此类的情况下，我们只能惊叹于谁被告诉了什么以及是在何时被告诉的。在这种情境下，当科学传播者谈及对"未参与的受众"的"定向信息"时，他们深深地误解了我们历史上的时代，并且恰当时刻的传播变得更加难以琢磨。

义务 4：理解你的对谈人的历史；倾听他们对自己未来的计划

创造未来的景象有时候会与夸张，或者它的反面——反乌托邦——相关。但是，在这里我们用这种观点来指代的是，当科学传播者接近那些对此不太了解的人时所出现的一种更广泛的构成性想象的活动（Jasanoff & Kim, 2015）。人们的历史、担心和未来计划对于恰当时刻的传播来说是至关重要的。在了解他们以及努力达成理解上需要花点时间，不过在让科学传播变得可能的新情境方面，我们需要投入更多的时间。

恰当时刻和科学传播：一种功课

虽然形式、媒体和传播者的角色是科学传播中没完没了的评论的来源，但是在及时性以及信息与时刻的拟合性上并没有获得太多的关注。如上所述，如果它比我们认为的还要处于科学传播伦理的中心，那么我们该如何重新思考科学传播中恰当时刻的伦理问题以及我们如何把它作为科学传播伦理实践的一部分？

呈现给科学传播者的这些义务让我们对一种功课的想法进行了梳理，这种功课就是在科学传播者中开发他们找到恰当时刻的能力。虽然绝大多数以传播为导向的实践所呈现出的趋势是直接地面向战略、战术和平台的，但是也需要后退一步，也许是对我们这个时代进行更多的反思。为科学传播开发这种策展性的方法是以一种深刻的方式来理解情境的实践，也是提出可能需要进行更多研究的问题的实践：谁已经对这种科学或技术进行了传播？我怎么能知道？这有什么影响？相竞争的信息是什么？随着时间的推移，受众如何面向信息？

为能"解决科学传播的时机"这个问题，科学传播者需要理解科学的规范和价值观以及受众。这需要努力去真正地理解和研究在科学的各种情境中涌现的传播——为什么彼得·梅达沃爵士（Sir Peter Medawar）会问这篇科研论文是否存在欺诈？出现了什么语言行为许可了科学中的可复制性？为何它们如今会处于威胁之中？这些问题的答案会帮助科学传播者定位他们的学科，以及他们的学科是如何随着时间的推移而演化的。

科学传播者在一定程度上需要成为当时的社会学家。什么因素注入到了传播的紧迫性中？什么方法可能有助于知道这些因素？科学传播者识别出紧迫性的实证方法是这个功课的一个关键部分；这些方法就是民族志、访谈、调查、协商和迭代。

最后，除了现代科学或科学传播者之外，还有时间表。这种时间表应该得到尊重和理解。倾听可能要比生产"定向信息"更有价值。在恰当时刻的传播者的功课中，教授倾听、历史学家的技能和谈判者的技术是精心制作一条信息所要具备的技能的核心，也先于精心制作一条信息的技能。

义务 5：成为掌握恰当时刻的科学传播者

毫无疑问，对于思考科学传播的伦理来说，有很多方式可以让凯逻斯的理念富有生产力，比如，科学传播者应该在倾听上花多少时间？这种对实践的反思有助于在有效的科学传播中把价值观表达清楚，并且向着一致的价值观前进。对何时开展科学传播是合乎伦理的这个问题来说，这并不是一个需要打勾的方框。我们怀疑这样的打勾方框是否会有用。相反，凯逻斯是一个富有生产力的术语；与它进行合作，合乎伦理的科学传播就会开始变得可见，它的轮廓会变得更清晰，它的挑战会变得更加独特。

参考文献

[1]　Brumfiel, G. (2009). Science journalism: Supplanting the old media? *Nature News, 458*(7236), 274–277.

[2]　Dodson, M. (2000). Human genetics: Control of research and sharing of benefits. *Australian Aboriginal Studies, 1*(2), 56–64. Available: ISSN: 0729-4352 (cited 11 October 2019).

[3]　Helsley, S. L. (1996). Kairos. In *Encyclopedia of rhetoric and composition: Communication from ancient times to the information age* (pp. 1371–1972). New York: Routledge.

[4]　Jasanoff, S., & Kim, S.-H. (2015). *Dreamscapes of modernity: Sociotechnical imaginaries and the fabrication of power*. Chicago: University of Chicago Press.

[5] Jiankui, H., Ferrell, R., Yuanlin, C., Jinzhou, Q., & Yangran, C. (2018). Draft ethical principles for therapeutic assisted reproductive technologies. *The CRISPR Journal, 1*(6). https://doi.org/10.1089/crispr.2018.0051.

[6] Kahn, P. (1994).Genetic diversity project tries again. *Science, 266*(5186), 720–722.

[7] Kinneavy, J. L., & Eskin, C. R. (2000). Kairos in Aristotle's rhetoric. *Written Communication, 17* (3), 432–444.

[8] National Centre for Indigenous Genomics. (n.d.). *About.* Fromhttps://ncig. anu. edu.au/about.

[9] Quinn, S. C., Jamison, A., Freimuth, V. S., An, J., Hancock, G. R., & Musa, D. (2017). Exploring racial influences on flu vaccine attitudes and behavior: Results of a national survey of White and African American adults. *Vaccine, 35*(8), 1167–1174. https://doi.org/10.1016/j.vaccine.2016.12.046.

[10] Thaler, R. H., & Sunstein, C. R. (2009). *Nudge: Improving decisions about health, wealth, and happiness*. New York: Penguin.

第 6 章

认识与忽视：信息的效用

摘要：如本书开头所解释的那样，科学传播通常是以知识和知道在本质上是好的这一理念为前提的。但是知识是一个混杂的领域。本章从区分知识、知道、信息和告知开始。通过指出信息是科学传播的通货，本章随后考察了是什么让所传播的信息对受众来说具有价值且是值得的，尤其考察了信息对受众的相关性及其广义上理解的可用性。然后本章对科学传播中忽视和无知的地位及价值进行了反身性讨论。

关键词：知识的价值；无知的价值；知识的相关性

> 谁也写不出一部维多利亚时代史：我们对它知道得太多了。治史的首要条件便是有取有舍——有舍弃，方能进行精简与分类，去芜存菁，从而获得任何高超的技巧也无法达至的井然有序的完美。
>
> 《维多利亚名人传》（*Eminent Victorians*），里顿·斯特拉奇（Lytton Strachey）(2003)

还记得詹妮佛吧？詹妮佛的例子让一个理念受到了质疑，那就是知识是有内在价值的以及更多的知识总是要好过较少的知识。对于某些人来说，詹妮佛的例子可能甚至表明，在某些情况下，我们应该积极地追求无知，致力于忽视。但是在这里需要深思熟虑的是情境。知识在何时会是"正确的"目标？

在开始这个讨论之前，至关重要的是要搞清楚知识和信息意味着什么。先抛开哲学上有关知识本质的冗长辩论（Audi, 2010），这里更相关的是，信息的作用以及信息如何与知道这种行为（即知之行）有关。大体上来说，数据是一些原始事实，信息是为增加其有用性而条理化的数据，知识则是对新信息和经历进行评估并把它们融入有意义的心理框架之中的个人或集体的主观体验（Ackoff, 1989; Boisot & Canals, 2004; Wallace, 2007）。比如，每个群体在奥杜邦圣诞节鸟类调查（*Audubon Christmas Bird Count*）中数出来的鸟类数量就形成了数据。一旦对这个数据进行聚合并以更有用的形式呈现出来，比如一个表格或图表，那么它就成了信息。一旦个体接受了那个信息并且把它作为他们心智结构的一部分——认识论的哲学讨论就是从这里开始的，它就变成了个体的知识。一旦集体，比如一个组织或一个国家，把这个信息纳入它的知识结构之中，它就成为了一个集体的知识——学院知识和记忆的讨论就是从这里开始的。

这里有三点是需要注意的。第一，这里特别感兴趣的话题是源于技术科学（technoscientific）世界或与技术科学世界有关的信息。正是在这一点上存在着一些混乱，但是我们可以安全地包含一些话题，比如元素周期表上的元素，公众对转基因生物伦理的看法等，有些话题显然是无关的，比如，有关我早餐吃了什么的信息。第二，科学传播不仅传播数据和信息，还经常制造和产生新数据，就像科学传播是嵌入在研究项目之中的一个部分一样。在参与活动中，虽然很多问题在研究伦理中已经得到了很好的复述，什么才算是数据以及谁才算是数据所造成的混乱确实在同意（consent）这个方面带来了一些有意思的问题，最著名的就是围绕着行动的研究（Coghlan & Shani, 2005; Locke, Alcorn, & O'Neill, 2013）。第三，科学传播者只能共享和传播数据和信息，但永远不能引导人们去知道某些事情。认识是一个个体过程，犹如你可以强行把马拉到水边，但你不能强迫马喝水一样。传播可能是随着对创作/产生知识的渴望而发生的，但是能够被共享的只有构成知识基础的事实和信息。

那么再回到本章的开头，科学传播所关心的不是去质疑"更多的知识总是好过较少的知识"这一主张，而是在给定一组信息的情况下更多的信息是否总是好过较少的信息，以及在多大程度上对知道的追求应该得到鼓励。显然，某些技术科学信息是值得知道的，并且应该得到鼓励，比如在自然灾害的情况下被告知有关风险管理的信息，或者知道吸烟给健康带来的后果。虽然这些并不是特别让人感兴趣，但是它们有值得注意的某些东西：它们都与个体的生活息息相关。

相关性

与个体生活相关的信息的价值在科学传播中得到了公认，最常见的是，它成了行之有效的经常重复的评价的一部分，科学传播者应该"从他们的个人相关性或社会相关性方面为科学建议和发现设置框架"（Nisbet & Markowitz, 2016）。实际上，如果信息是相关的，那就为知道这个信息所付出的努力提供了一个很好的理由，没错，知道某些东西是需要付出努力的。但这不是此处的理论基础。眼前的问题不是"如何为更具说服力的传播而利用相关性"——在这个话题上已经有很多论述了，而真正重要的是从伦理的角度来说，"什么信息（确实地）与个体生活相关"，以及这种相关性如何影响了我们对信息进行传播的责任感。

回到詹妮佛的例子，与胃癌有关的基因突变的信息显然与她的生活相关，然而那可能不是她想要知道这个信息的充分理由。有时候，相关性并不足够。在其他情况下，信息似乎在很大程度上是不相关的，然而，对这种信息进行传播仍然被视为是有价值的。自然纪录片中的很多信息与其受众的直接相关性很有限，然而，愉悦感和新奇性似乎使得对这样的信息进行传播是值得的。所以与个体生活的相关性似乎是重要的，但只是部分地重要。即便不是更相关，个体与信息互动的能力——从一个人对信息采取行动的能力到从信息获得益处的能力似乎也同样重要。我们把后者称为信息的可用性。

可用性

对詹妮佛来说，陷阱在于虽然这个信息与她相关，毕竟，她的基因有一种突变，但是她没有能力可以丰富或改善她生活的任何方式以与这样的信息进行互动。此时对伦理的讨论才真正地出现，也就是对更一般意义上科学的价值的核心议题加以讨论：对于有价值的信息，这实际上意味着什么？是什么给信息赋予了价值，是什么构成了"好的"信息？可以用两种方式来阐释什么才算是"好的"信息。一方面，对"好"存在着一种知识论观点：为了知识而知识。另一方面，对"好"有一种功利观：知识 / 信息可以产生多少好处 / 幸福 / 充实感。

这就是早前对信息、知识和知道的区别所进行的讨论变得重要的地方。虽然科学传播在制造知识时可能会诉诸于这个领域的重要性，但是实际上这超出了这个领域的职权范围。科学传播者无法共享知识，只能共享信息。信息可能会产生知识，但是这需要潜在的知者一方付出努力。所以，虽然在"为了知识而知识"中可能存在着价值，但这是一种个人旅程，科学传播者应该足够谦卑地去接受这不应该是他们去完成的，除非他们在讨论他们自己的知识。至于"为了信息而信息"，这普遍地被视为没什么价值的一种存在，以及是对物质资源和精神资源的一种浪费（Arnold, Karamitsos, Shirodaria, & Banning, 2009; Rogers & Bamford, 2002; Scholtz, 2002）。传播者在其他人不管是为了什么而制造知识方面没有自己的立足之地。他们充其量也只不过是让信息清楚明白，并且让它尽可能地有利于知道。为了这样做，传播者就必须有选择性：选择呈现哪种信息，选择如何呈现，选择向谁呈现，以及选择何时呈现——就像在前一章所讨论的那样。这促使传播者根据信息的效用来考虑信息的价值：一条信息在可以给个人或集体的福祉带来什么方面所具有的价值。这种价值可以是智识的（比如满足好奇心）、情感的（比如提供愉悦感）、身体的（比如健康传播）以及众多其他改善或丰富个体和集体的存在和经历的方式。

> 传播是关于信息的，不是关于知识的。
>
> 理想状况下，信息直接地与个体或集体相关。但更重要的是，需要考虑所传播的信息会如何改善或丰富个体或集体。

无知和忽视

> 像往常一样，我们靠无视为生。无视不同于无知，你需要为此付出努力。
>
> 《使女的故事》（*The Handmaid's Tale*），玛格丽特·阿特伍德（Margaret Atwood）(2006)

认识到是什么让信息有了价值是一把"双刃剑"。它使更好地思考应该传播哪种信息以及如何传播、对谁传播、何时传播成为可能，但是它也带来了一个问题：该如何处理那些不太具有价值的信息，或者甚至更糟的是，如何处理那些可能有害的信息。我们从上文的内容可以知道，让信息有价值的一部分原因（这是否有利于知道或者是否这本身就是有价值的）在于对呈现哪种信息、如何呈现、向谁呈现等方面的选择性。那种选择必然要求忽视或者不去传播某些信息、某些细节。它需要某种程度的无知。实际上，它不需要任何老套的无知，它需要有意的、策略性的无知，即它需要忽视。

　　鉴于忽视与知识的依附关系，在讨论对科学进行的传播时去思考忽视的价值似乎有点反直觉，但是忽视是科学的一个必不可少的组成部分。首先，科学研究的前提是产生新知识以及为尚未回答的问题提供答案。但是就像斯托金（Stocking）和霍尔斯坦（Holsetin）所指出的那样，这要求承认这种新的知识或者新的答案尚不存在；承认我们目前处于无知的状态（Stocking & Holstein, 1993）。此外，无知也是答案的一个重要部分。我们可以用任何生物物理系统模型为例，比如生态系统模型或气候模型。这种模型位于很多现代科学的核心，除其他事情之外，这些模型需要建模人员精确地评估需要包括什么，以及需要遗漏什么。遗漏什么——在战略上被忽视的东西——可以让处理这些模型的科学家聚焦于什么才是重要的和相关的，这对于他们来说是非常必要的。事实表明，战略上的忽视是作为一种知识制造产业的科学的一个重要品质。

　　从一开始，我们要搞清楚的是，无知和忽视不能被认为是知识和知道的镜像。要让知识成为知识，在某些阶段，一定要有知道的行为。如果某人不能积极主动地经历知道时空弯曲的过程，那么就不可能有关于时空弯曲的知识。然而，同样的情况并不适用于无知和忽视。无知可以通过积极的忽视来达到，但是无知也可能来自被动地缺乏知道（默顿分别给出的术语是特定的无知和未意识到的无知）（Gross, 2007）。简单地说，不知道就不会有知识，但是不忽视可能也会产生无知。

　　未意识到的无知——源自心理盲点非故意的知识缺乏——在道

德上难以证明其正当性。这种"不知道不知道"是不能被证明的或被贬损的，因为它们已经超出了我们的智力视野。特定的无知则更复杂。二者之间的区分并不明显，但这是一个有用的起点。特定的无知——尚待开发的潜在知识领域——允许我们去反思知道更多是否是值得追求的事情。它允许战略性的无知，这也是我们可以做出某些道德呼吁的地方。实际上，作为个体和集体的我们经常会拥有这种战略性的无知。

在某些情境下，战略性忽视是有积极价值的。尤其是，在某些情况下积极地知道某些信息可能会让人气馁，比如，"一个人不能鼓足勇气跳过一条峡谷从而到达安全的地方，因为他知道一种极大的可能性是他无法到达另一边"（Pritchard, Carter, & Turri, 2018）。科学家和更一般意义上的学者通常会参与到这种战略性的忽视之中。我们所开展的很多科学研究怀着它会产生促进这个领域、社会等进步的新学问的期望。实际上，一项既定的研究有可能对于更广泛的社会来说是有意义的这种信念成为了很多科学的巨大驱动力——从拨款机构到个体科学家。但是前景并不被看好。首先，并非所有的科学研究都可以得到发表或者在部门研讨会之外得到共享，其中有无数的原因，从研究未产生预期的或可发表的结果到研究人员迷失了方向或过分地致力于追求研究工作达到可以被进一步传播的地步。即便研究确实产生了发表出来的成果——这是研究中的黄金标准，但是它几乎没有被阅读。实际上，所有领域 10 年间的平均引用仅为 10.81（World University Ranking, 2011）。对在各领域中艰苦工作的所有人来说，接受下述观点是让人感到羞愧的。平均而言，一篇发表出来的文章在前 10 年里每年只会获得 1 次被引用，并可能没有被更广泛地阅读。得到发表也不能保证该研究以有意义的方式真正地促进这个领域的发展。这并不是要提倡"高影响力"研究，也不是说除非一项研究确实有可能像研究人员所期望的那样促进了该领域的发展，否则就不应该开展这项研究。相反，关键在于，科学家和研究人员在他们的努力中获得了更多的好处，因为他们忽略了这样一个现实，即他们的大多数研究除了确保他们的就业和他们从工作中获得的自我满足感之外，对他们所在领域或更广泛的社会的知识基础几乎没有影响。

但是战略性忽视也可能是极其有害的。一些众所周知的例子使故意无知的危险涌现出来，比如巴林投资银行和法国兴业银行首席执行官战略性地忽视了它们资历较浅的员工未经授权的交易，当它们分别导致了 8.6 亿英镑和 70 亿美元的巨大损失时才得以曝光（McGoey, 2012）。战略性忽视是可以用在极其不良的影响上的一种强大工具。实际上，陶西格（Taussig）认为，社会知识的最有力形式之一就是"知道不知道"（Taussig, 1999）。虽然战略性忽视在某些情境下可能是非常有害的，然而，在其他情境下则是极其具有力量的。为取得一些进展，格罗斯（Gross）对知识和无知进行的分类是有帮助的（Gross, 2007）。格罗斯把消极意义的知识（Negative Knowledge）界定为"关于知道不知道但被认为是不重要的甚至是有危险的知识"，并且他认为这会导致非知识（Non-Knowledge），非知识是"知道不知道但是在未来的计划中会加以考虑的知识"。

战略性忽视不完全是消极意义的知识，因为某些人实际上可能会知道它，但是一个行为主体或集体可能会把它搁置一旁。这又回到了知识不仅仅是有关信息的这一点上，它还是有关整合这种信息的行为的——它是有关知道的。我们可以为消极意义的知识而非战略性忽视本身提出充分的理由。我们可以考虑的有关消极意义的知识的有用例子就是，在禁止研究人类生殖性克隆上得到广泛支持的决定。科学家可以通过持续的研究扩展知识，但是却积极地选择加以克制，因而参与到了消极意义的知识的生产之中（Williams, 2003）。选择不为了知识而知识，而是允许"知道不知道的知识，但是考虑"留下不知道"具有危险的知识"。虽然没有表达出来并且很可能没有进行批判性思考，但是在科学传播中也有类似的看法。比如，存在着几乎普遍的共识是，在某些话题上保持无知是一种正确的方法——没有一个自我尊重的科学传播者会在一个化学拓展项目中或者以提升公众的科学意识为名来分享"如何制造你自己的"化学武器。

从传播的视角来看，当信息有能力严重地危害或阻碍个体或社会时，以消极地知道的形式存在的忽视似乎尤其具有正当性。这样，忽视是知道的一个有价值的对位，并且应该被同等地看待；所有的知道——既有积极的知道又有消极的知道——都应该被考虑。

> 偶然的无知是无法接受的；刻意的忽视（消极的知道）可能是有价值的。
>
> 需要考虑被传播的信息可能如何危害或阻碍个人或社会，以及考虑消极的知道的可能益处。
>
> 需要考虑被传播的信息的（不）重要性和（不）相关性。

参考文献

[1] Ackoff, R. L. (1989). From data to wisdom. *Journal of Applied Systems Analysis, 16*(1), 3–9.

[2] Arnold, J. R., Karamitsos, T., Shirodaria, C., & Banning, A. P. (2009). Should patients undergoing PCI still be consented for emergency bypass? *International Journal of Cardiology, 132*(3), 447–448. https://doi.org/10.1016/j. ijcard.2007.08.097.

[3] Atwood, M. (2006). *The handmaid's tale*. Everyman's Library Classics.

[4] Audi, R. (2010). Epistemology: *A contemporary introduction to the theory of knowledge*. London: Routledge.

[5] Boisot, M., & Canals, A. (2004). Data, information and knowledge: Have we got it right? *Journal of Evolutionary Economics, 14*(1), 43–67. https://doi.

org/10.1007/s00191-003-0181-9.

[6] Coghlan, D., & Shani, A. R. (2005). Roles, politics, and ethics in action research design. *Systemic Practice and Action Research, 18*(6), 533–546.

[7] Gross, M. (2007). The unknown in process: Dynamic connections of ignorance, non-knowledge and related concepts. *Current Sociology, 55*(5), 742–759. https://doi.org/10.1177/0011392107079928.

[8] Locke, T., Alcorn, N., & O'Neill, J. (2013). Ethical issues in collaborative action research. *Educational Action Research, 21*(1), 107–123.

[9] McGoey, L. (2012). The logic of strategic ignorance. *TheBritish Journal of Sociology, 63*(3), 533–576. https://doi.org/10.1111/j.1468-4446.2012.01424.x.

[10] Nisbet, M. C., & Markowitz, E. (2016). *Science communication research: Bridging theory and practice*. Washington, DC: American Association for the Advancement of Science.

[11] Pritchard, D., Carter, J. A., & Turri, J. (2018). The value of knowledge. *Stanford Encyclopedia of Philosophy*. From https://plato.stanford.edu/entries/ knowledge-value/.

[12] Rogers, P. R., & Bamford, C. E. (2002). Information planning process and strategic orientation: The importance of fit in high-performing organizations. *Journal of Business Research, 55*(3), 205–215. https://doi.org/10.1016/S0148-2963(00)00136-3.

[13] Scholtz, V. (2002). Managing knowledge in a knowledge business. In E. Coakes, D.Willis,&S. Clarke (Eds.), *Knowledge management in the sociotechnical world: The Graffiti continues* (pp. 43–51). London: Springer, London.

[14] Stocking, S. H., & Holstein, L.W. (1993). Constructing and reconstructing scientific ignorance: Ignorance claims in science and journalism. *Knowledge, 15*(2), 186–210.

[15] Strachey, L. (2003). *Eminent victorians*. New York: Oxford University Press.

[16] Taussig, M. T. (1999). *Defacement: Public secrecy and the labor of the*

negative. Stanford: Stanford University Press.

[17] Wallace, D. P. (2007). *Knowledge management: Historical and cross-disciplinary themes*. Westport: Libraries Unlimited.

[18] Williams, N. (2003). Top scientists back human cloning ban. *Current Biology, 13*(20), R785–R786. https://doi.org/10.1016/j.cub.2003.09.041.

[19] World Univeristy Ranking. (2011). Citation averages, 2000–2010, by fields and years. From http://www.timeshighereducation.com/news/citation-averages-2000-2010-by-fields-and-years/415643.article.

第 7 章

讲故事与推销科学

摘要：在"如何开展科学传播"的指南和教材中一个屡见不鲜的说法就是"要讲故事"。但是把科学叙事化的下游伦理效应是什么？本章考察了有效科学传播的三种战略的伦理启示——叙事化、框架和推销。对叙事、故事和框架的思考强调了两个特别的问题，这都指向了我们所能想到的伦理复杂性。首先，对于科学传播来说，在被传播的科学中以及对科学进行传播的行为中存在着一种伦理复杂性。其次，每一个术语都有其自己的基础价值，存在着伦理混杂性的原因是受到了科学传播这个涵盖性术语的广度的影响。在本章最后，通过考察相邻领域中的伦理系统来查看它们是否可以为科学传播提供一个路线图。

关键词：讲故事；叙事；框架；伦理混杂性

讲述一个故事，推销一种想法。

科学传播已经运用了越来越复杂的战略战术来传播科学。现在鼓励研究人员和传播者都去讲故事成了科学传播培训的支柱——采用小说的叙事技巧、塑造引起兴趣的角色和英雄人物、用熟悉的情节来发展故事线以顺应那些否则人们可能会不熟悉的科学方法或研究结果（Olson, 2015）。本章对从叙事化、框架和推销这三种策略中浮现出来的伦理定位提供了简要的概述。我们的目标不是解决浮现出来的伦理议题，而是指出它们是如何出现的，以及在我们解决这些议题的过程中科学传播这个领域如何可能进一步发展。对叙事、故事和框架的思考（至少）强调了两个特别的问题，这两个问题都指向了我们所能想到的伦理复杂性。第一种复杂性是，科学传播必须解决科学的伦理定位，这种定位是与科学交织在一起的。我们用下文神经伦理学的一些最近成果对此进行了阐述。第二种复杂性源于科学传播这个涵盖性术语的广度，从科学领域的广度到背景的广度，再到基础价值的广度。领域越多，就会有越多的边界和越多的空间相互作用，所以这种复杂性议题的另一面就是跨越边界。通过思考公共卫生领域的科学传播，我们在下文对此进行了阐述，我们还考虑了相邻领域中的其他伦理体系是否为我们提供了一个路线图。虽然在提供帮助方面有丰富的传统，但是科学传播需要铺设自己的道路。以下就是铺设路基的砾石。

21世纪初，科学传播学者从20世纪60年代的社会学中复苏了一个概念——框架（Nisbet & Mooney, 2007）。鉴于诸如气候变化和基因修饰这样富有争议的公共议题，学者们认为围绕着科学信息设置正确的框架可能会让在政治上对立阵营的对话中更容易地纳入科学结果和解释，并可能会改变重要对话的方向。气候变化是一个典型范例。如果对谈人以补救气候变化会让工作机会从他们所在的区域流失为由而反对气候变化是人为因素导致的，那么有关科学的气候模型精确性的论点就不太可能让她发生动摇。然而，基于可再生能源技术的新经济的论点就可能是让对话持续下去并成为解决关切问题的一种方式。或者，有一些框架非常有可能会持续存在争议。有关生物多样性"本身为善"的价值差异是不太可能被轻易地重设框架的，所以解决这个问题的最好方式就是完全远离那个议题的框架。在传播中的这种技术已经讨论了几千年了，昆提良（Quintillian）

有关律师的修辞方法就是一个实例。界定"争论点"是什么，并且确保你不仅对那个案件进行辩论，而且还要能够转向其他议题并使它们成为争论点——直到今天这还是法律论辩的一个基石。这种技术主要是关于争辩当前情境的——用修辞的术语来说就是展示（epideixis）。希腊古典修辞学者通常把这视为在特定情境下找出赞美谁或责备谁的一个传播领域，并且意识到了这类论证根本上的道德特征。

推销科学是与框架模型形成对比的对科学传播的另外一种描述。多萝西·尼尔金（Dorothy Nelkin）在 20 世纪 80 年代指出，被介导的传播形式的力量对科学是什么以及它是如何发挥作用的提供了一个很有限的故事——媒体在推销个体的科学故事，同时也推销有关科学本身的一个故事（Nelkin, 1987）。这个故事包括各个角落的突破（Contopoulos Ioannidis, Ntzani, & Ioannidis, 2003），努力从事着没有很多承认或奖励的圣经式工作的科学英雄，以及以促进经济发展和动员科学争议来压制科学中的异议为特征的故事。

推销科学和为科学设置框架都依赖于我们如何讲述有关科学、科学的影响、科学的地位及其目的的故事，所以这又回到了我们在本章开头提出的"讲述一个故事，推销一种想法"的伦理启示。

伦理混杂性与神经科学

尽管对"这个学科的崭新性"或者科学传播者在过去 40 多年间的工作如何职业化存在着持续的担忧，但是科学传播并不是一项"新的"活动。其中的征兆之一就是，整个科学学科把科学传播视为这样一种方式，即建立公众认知甚至是支持他们的科学的一种资源。神经科学就是这样一个典型的例子。10 多年前神经科学家付出了持续且自觉的努力，以在战略上为神经科学策划一场科学传播运动。

至少在一定程度上，这种努力受到了科学传播者和科学倡导者一方的一种假设的驱动，即在公众关注方面存在着一个零和博弈，我们会在下文有关公共卫生的地方讨论这个观点。

作为一个领域，神经科学给公共福祉带来了无限的可能性，但是作为一个新兴领域，总有实践问题和道德问题笼罩着这种科学。比如，鉴于我们目前所知的情况，研究人员能够对人类大脑的复杂性建模吗？在我们有这样一个模型之前，我们应该计划对人类大脑进行干预吗？动物模型有助于帮助以此为目的的神经科学研究吗？毕竟，我们的大脑跟猴子类似。然而，为获得这些稳健的动物模型，我们在实验中需要用到动物。虽然这可能是必要的，但是需要多少动物呢？实验要持续多久？马上，人们就陷入了一个道德和认知的隧道之中。

那么，如何对此进行传播呢？应该讲什么故事？截至目前，有关神经科学的传播就是对一般意义上的脑科学进行宣传的一种形式，但是有迹象表明这即将发生变化。为指导这个领域向前发展，面向神经伦理的全球努力正致力于解决其中一些实践和道德议题。比如，神经伦理学家正在就全球的神经科学实践提出一系列问题（Global Neuroethics Summit Delegates et al., 2018）。他们发现了这个领域需要集中关注的 5 个问题：

（1） 一个疾病的模型或神经科学解释给个体、社群和社会带来的潜在影响是什么？

（2） 生物材料和数据采集的伦理标准是什么，本土标准如何与全球标准进行对比？

（3） 神经科学研究实验室中正在开发的神经系统的道德意义是什么？

（4） 对大脑的干预如何影响或降低自主性？

（5） 在哪种情境下，可以使用或部署神经科学技术／创新？

　　这种神经伦理的转向对科学传播者意味着什么？一言以蔽之，它给讲述有关神经科学的故事增加了一层复杂性。把上瘾作为一种脑部疾病的叙事流传甚广——神经科学把我们大脑中正在发生什么作为我们为何会对酒精、阿片类药物和我们的电话上瘾等问题的答案。但是上述问题也呼吁科学传播者思考得更深刻且更合乎伦理一些，以及思考这些故事鼓励的是什么。比如，如果我们认为上瘾是一种脑疾病，那它会降低围绕着上瘾的社会耻辱感吗，它对我们所拥有的自主性、自由意志、责任性和赋权这些观念意味着什么？

　　科学传播者需要接纳这种复杂性并且开始与之抗衡。从这种方法中浮现出来的有关科学和未来技术的故事会是新的、深思熟虑的，也许对科学传播者来说它们也会助长这种问题的出现。想象一下上述神经伦理的问题清单应用于科学传播时的情况：

（1）科学传播者对一个具体的科学设置框架会有什么影响？科学传播应该努力面对公共福祉进行倡导性的叙事吗？

（2）当对神经科学这样的领域进行传播时，科学传播者的伦理标准是什么？我们要接受那个领域的框架还是要发展我们自己的框架？

（3）科学传播者需要解决他们所讲述的有关创新的故事的道德意义吗？这不仅在大脑的领域中是一个紧迫的问题，同时在人工智能、合成生物学、生态学……甚至可能在每一种科学情境下也都是紧迫的问题。

（4）有些领域采用了伦理的最高原则——保护自主性，对科学传播来说，这些最高原则可能是什么？

（5）科学传播者如何解决从实验室到现实世界的过渡？为让受众能够理解潜在的影响，要传播的科学和技术的最重要特征是什么？

　　对神经伦理这个案例的讨论所强调的是科学传播伦理潜在的混

杂性。具体科学领域的研究人员和伦理学家正在设定他们的规范。有意思的是，"参与"的理念在很多新兴科学领域的规范中尤为突出。变得十分迫切的是，科学传播者清晰地表明了他们自己的参与规范并且也表明了需要与具体领域的参与规范进行协商。

伦理混杂性与公共卫生干预

公共卫生领域有着长久又有些高尚的公共传播传统。实际上，这个领域的一个支柱就是，对干预有效性的证据进行传播以改善社区的健康。这个领域像神经科学一样——公共卫生研究人员追求他们的科学，对他们干预的结果产生大量数据，开发模型，获得技术能发挥作用的证据。但是它跟神经科学又不一样。它长久以来就把社会科学整合到它的实践中，并且在其他学科的边界开展着工作。这让对公共卫生研究进行传播的"简单"叙事变得难以捉摸。在对公共卫生研究进行的传播中浮现出了两种叙事策略，二者对于广泛的公众如何看待研究人员和研究都带来了启示。潘妮·哈维（Penny Hawe）将其中一种叙事称为"英雄叙事"（Hawe, 2018）。公共卫生研究人员从对成瘾、肥胖和传染病的社会疾病进行英雄般的干预方面来谈论他们的研究结果。从约翰·斯诺（John Snow）早期的流行病学和在 19 世纪于伦敦成功地消除霍乱的水泵把手到彼得·皮奥特（Peter Piot）于 21 世纪在非洲消除艾滋病的战略，这种叙事讲述了伟大的科学故事，这种科学版的英雄在指明公共卫生领域的成功方向上有积极效果。实际上，最近有一本书讲述了彼得·皮奥特在非洲的英勇表现。但是英雄叙事也有不足的地方，哈维解释说：

最重要的是，英雄叙事是有关价值观的，这对于公共卫生这个聚焦于特定价值观（比如社会正义和公平）的领域充满了吸引力。

然而，这种叙事存在的风险就是，没有与并未过多地考虑这些价值观的人关联起来，虽然他们不反对这些价值观。虽然科学传播者在努力让更多的人关注这些价值观方面付出了很多努力，但也许我们应该考虑新的战术。也许我们应该用不同的方式让公共卫生更有趣且触达新的受众？

和神经科学家一样，公共卫生研究人员意识到了他们领域的价值观，以及它如何影响了他们所讲述的故事。为让我们可以有效地协商这些价值观，科学传播能做同样的事吗？在科学传播的伦理景观中看待这种复杂性的一种方式就是，着眼于我们所工作的边界。对于科学传播者来说，这覆盖了一个广阔的疆域——今天是神经科学，明天就是生态学。然而，这个领域的进步取决于科学传播者如何更好地理解和使用这些价值边界。

科学传播研究人员艾伦·费迪安（Ellen Phiddian）及其同事考察了公共卫生叙事的边界（Phiddian, Hoepner, & McKinnon, 2019）。他们发现，在私底下削弱公共卫生预防的伦理冲突中存在着叙事。他们考察的例子是"选择"。在社会行动的新自由主义框架中，个人做出了影响他们健康的选择，是否锻炼，选择什么食物，以及喝点酒放松一下。然而，很多的公共卫生研究表明，这种新自由主义框架让给健康带来的结构性不平等变得不可见：食物沙漠，没有步道的社区，没有它就很少有社交机会的唾手可得的酒精。选择叙事如此盛行，以至于当人们玩一个结构性不平等被突出显示出来且选择并不是一个选项的游戏时，他们仍会坚持认为选择是重要的。

这个研究发现与迈克尔·达尔斯多姆（Michael Dahlstrom）视为叙事性科学传播的伦理问题的东西是一致的：

因为他们描述了一种独特的经历而非普遍真理，叙事不需要证明他们主张的精确性，故事本身就表明了其主张。类似的是，叙事的结构把它的事件关联进了因果关系中，进而让叙事的结论似乎是在所难免的，尽管可能会出现很多可能性（52）……因为叙事能够毫无异议地给真实世界的对象提供价值，所以难以反驳他们的主张。（Dahlstrom, 2014）

简言之，叙事是强有力的，但是它也有伦理上的不足，因为故事为阐释、批判和故事之外的其他可能性提供了很多选择。

谁来讲科学故事？这很重要！

女性伦理学和科学哲学这个领域是科学传播既尚未探索，又没有被视为与科学传播这个领域的实践紧密相关的一个丰富的区域。然而，在北方国家，虽然专业的科学传播者是女性为主导的，但是科学发言人仍然是男性以及白人和异性恋者占主导地位的，甚至现在都要设计一些项目来帮助女性科学家公开地进行传播并且发出她们专业的声音、建立社交媒体档案以及成为公共评论的专家（Biba, 2017; Fahy, 2015）。但是让女性发出专业的声音并成为讲故事的人给科学传播带来了张力。

首先，鼓励女性科学家离开实验室成为她们所从事科学的发言人和楷模可能会消耗女性研究人员所从事的科学本身。有一些迹象表明，科学家—科学传播者的角色是一个零和博弈。更多的女性科学传播者可能意味着更少的女性科学家。是否更多的女性科学传播者意味着更多的女性科学家还尚无定论。

其次，摆在那些敢于公开地传播她们科学的女性面前的是厌女情结。比如，研究发现，在油管（YouTube）上对科学进行展示的女性科学家可能会成为对任何事情都给出负面评论的目标，从她们的衣着打扮到她们的认知能力（Amarasekara & Grant, 2019）。这些都是关键的问题，当然需要开展更多的研究以理解科学传播如何全面地影响女性以及女性如何影响科学传播。然而，在缺乏研究结果的情况下，我们至少可以标示出性别在科学传播伦理中很重要，就像我们之前在第 2 章中对其他弱势群体的讨论一样，这个领域亟需开放性的对话。

然后，我们所讲述的故事以及谁来讲述这个故事的另外一个下游效应来自于科学伦理本身。尽管有些人把科学伦理指向了"科学规范"并且设想一个自我管理的共同体，但是科学伦理通常指一个个体科学家的伦理规范。贺建奎和基因编辑婴儿的例子就清晰地阐释了这一点。但是在谁正在讲述这个故事方面，在这种自我管理且个人主义的精神气质上还存在着一个反面。有时候，建议是只有科学家能对科学伦理进行评论，因为在科学的本质方面存在着某些特别的东西，这些东西只有科学家能够鉴别或者科学中的伦理问题将如此地深陷于技术议题之中，以至于伦理问题的"真正"本质可能难以识别。虽然自 20 世纪 60 年代以来，这个领域日益职业化，并且有了"科学传播者"的角色，但是科学家自身仍然致力于科学传播的工作，并且当在诸如气候科学或地球科学这种日益受制于公共监督和关注的领域中工作时，他们对这种承诺的感受最为强烈。但是这种负载伦理的领域充满了社会性内容、哲学上的微妙、经济上的启示等，这些也需要技术知识，所以科学家并不能总是处于最佳的位置。如果科学传播被视为是一种由科学家驱动的活动，并且这个问题被统一的"科学"这种理念进一步恶化了的话，那么这就是重要的。当代生物科学的方法是否与天文科学的方法相一致是一个得到了严肃辩论的问题。此外，国际的 STEM 运动——鼓励各年龄段的学生学习科学、技术、工程和数学——鼓励了科学家在他们所有的公共讨论中呈现并且倡导"所有的科学"，而不仅仅是在他们具体的学科中，其背后的叙事则是科学在社会上是有用的，并且在职业上是值得追求的，尽管没有证据表明所有的 STEM 学位无论是对学生还是社会都同样有用（Long, Goldhaber, & Huntington-Klein, 2014）。

最后，科学明星的出现复苏了一些有关科学传播、科学家的个人兴趣和职业兴趣的长期存在的问题，也让我们兜了一圈——科学家的工作是只倡导和解释他们自己的科学还是他们也可以在其他的观点和看法上发表意见？

对本章的一个回应是，我们想知道鉴于这些议题所产生的伦理混杂性，科学传播是否需要在它所讲述的故事中以及它讲述这些议题的方式中立刻呈现所有的议题。答案是否定的。但科学传播者需要对这些议题有更广泛的意识，能够认真地思考并且和其他人一起讨论它们，以及对驱动他们实践的价值观进行协商。不深入讨论与之相关的价值观，而只是采用推销、讲故事和框架的技巧是无法奏效的。同样明确的是，科学学科在有关它们自己的价值结构方面正变得在伦理上越来越具有参与性和善于表达。为追求科学传播能够跨越的伦理混杂性和边界，科学传播者也必须在他们的价值结构中要更具伦理上的参与性并且善于表达。

参考文献

[1] Amarasekara, I., & Grant, W. J. (2019). Exploring the YouTube science communication gender gap: A sentiment analysis. *PublicUnderstanding of Science, 28*(1), 68–84.

[2] Biba, E. (2017). *Science celebrities: Where are the women?* https://www.thescientist. com/news-analysis/science-celebrities-where-are-the-women-31511.

[3] Contopoulos-Ioannidis, D. G., Ntzani, E., & Ioannidis, J. (2003). Translation of highly promising basic science research into clinical applications. *The American Journal of Medicine, 114*(6), 477–484.

[4]　Dahlstrom, M. F. (2014). Using narratives and storytelling to communicate science with nonexpert audiences. *Proceedings of the National Academy of Sciences, 111*(Suppl. 4), 13614–13620.

[5]　Fahy, D. (2015). *The new celebrity scientists: Out of the lab and into the limelight.* New York: Rowman & Littlefield.

[6]　Hawe, P. (2018). [Personal Correspondence].

[7]　Long, M. C., Goldhaber, D., & Huntington-Klein, N. (2014, February). *Do students' college major choices respond to changes in wages.* Paper presented at the National Center for Analysis of Longitudinal Data in Education Research (CALDER) Research Conference, American Institutes of Research, Washington, DC.

[8]　Nelkin, D. (1987). *Selling science: How the press covers science and technology.* New York: W. H. Freeman.

[9]　Global Neuroethics Summit Delegates, Rommelfanger, K. S., Jeong, S. J., Ema, A., Fukushi, T., Kasai, K.,…Singh, I. (2018). Neuroethics Questions to Guide Ethical Research in the International Brain Initiatives. *Neuron, 100*(1), October 10, 19–36. https://doi.org/10.1016/j.neuron.2018.09.021.

[10]　Nisbet, M. C., & Mooney, C. (2007). Framing science. *Science, 316*, 56.

[11]　Olson, R. (2015). *Houston, we have a narrative: Why science needs story.* Chicago: University of Chicago Press.

[12]　Phiddian, E., Hoepner, J., & McKinnon, M. (2019). Can interactive science exhibits be used to communicate population health science concepts? *Critical Public Health*, 1–13. https://doi.org/10.1080/09581596.2019.1575948.

第 8 章

让我赚大钱

摘要: 科学传播需要资源。它需要金钱、时间和努力来进行传播。本章考察传播的成本以及这对科学传播意味着什么。尤其是,考虑了科学传播的资助的影响,并着眼于这些如何影响了传播者的独立性。在考察原生内容成为一种科学传播的形式之前,我们比较了编辑的独立性。本章的结尾讨论了资助者 – 从业者的关系给我们经常提及的科学传播对真相和诚实的追求所带来的伦理启示。

关键词: 传播经济学;资助;编辑独立性;原生内容

水力压裂法是一种开采过程,它在高压下把混合着沙子或类似东西的水注入岩层,以让岩层破裂并制造出让自然资源——最常见的是天然气——更自由地流动的裂缝。尽管不是没有问题,但这个过程在采矿中已经用了60多年了。实际上,采矿既是一种经济上的好事又是一种环境上的诅咒,在这方面它可谓历史悠久。那么我们怎么才能对水力压裂法的实践有更多的了解呢?

在堪培拉一个寒冷冬日的早晨,我们在谷歌中输入了"水力压裂法的解释",这是一种完全毫无恶意的查询。下面是第一页显示的查询结果(2018年6月18日):

什么是水力压裂法,为何它富有争议? ——BBC 新闻

水力压裂法：一种简单的解释——解释那些东西网
（Explain that Stuff）

水力压裂法解释——Vox 网

水力压裂法解释 | 加拿大油气信息网（oilandgasinfo.ca）

澳大利亚石油生产勘探协会（APPEA）| 水力压裂技术
（简要）解释水力压裂法 | 保证自来水安全（Keep Tap
Water Safe）

水力压裂法解释：它是什么以及为何富有争议？——英
国独立电视新闻报道（ITV）

非传统的天然气生产过程——美国环保署（EPA）

在上述 8 个网站中，其中 3 个来自新闻机构（BBC，Vox 和
ITV），两个来自天然气行业（oilandgasinfo, APPEA），另外 3 个分
别来自一般性的教育网站（Explain that Stuff）、激进分子网站（Keep
Tap Water Safe）和政府机构网站（EPA）。

从新闻机构呈现这个话题的方式上可以明确地看出来，水力压
裂法是有争议的。但是新闻机构对水力压裂法的呈现是精确的，还
是他们为增加销量和加速循环在大肆宣传这种争议？也许工业领域
的讨论是更精确的，或者因为他们在用积极的方式来呈现水力压裂
法上有商业动机而更加带有偏见？政府网站上的信息是更加明确，
还是它受到了内部政策需求的驱动？我们可以对任何此类网站都问
同样的问题。当然，用不同的术语进行搜索会得到稍微不同的结果，
比如"什么是水力压裂法"，但这无关紧要。每一种搜索结果都同样
有其各自的议程和影响。从根本上说，在科学传播的经费和它的实
践之间的关系上存在着一些问题。有些问题是有关资助究竟如何影
响了实践的——这些是经验性问题，还有一些问题是关于科学传播
的资助应该如何影响实践——这些是伦理问题，也是我们在这里感

兴趣的问题。

让我们先从一些基础知识开始说起：信息是要付出代价的——经济上的代价。不仅信息的生产需要代价，它的传播扩散也是如此。对信息的获取是需要资源的，既有有形的，比如订阅一本杂志所付的费用；也有无形的，比如在网络上观看一个视频所用的时间。更相关的是，产生和共享信息既需要货币资源也需要其他资源，从购买一项展品的材料需要多少资助到策划这个展览所需的精力。在很多（大多数）情况下，特定团体、集体、组织或机构会资助科学传播。实际上，在我们上述搜索结果的首页所显示的 8 个网站中，只有一个是自筹资金的项目（一般性的教育网站：Explain that Stuff）。其他七个网站全部是由有组织的团体或机构资助的。科学传播的每个"赞助者"或出资方都有他们自己的议程。

科学传播的赞助者和出资方包括政府部门，有些赞助者和出资方会直接地要求开展科学传播，比如环保机构或公共卫生部门。其他部门会间接地赞助科学传播，比如资助科学教育的教育部门，经常资助公共参与科学策略的科学部门（DIISRTE, 2009; MBIE, 2014）。通常，政府资助的科学传播要么是目的性导向的，即目的或目标驱动的，比如控烟运动；要么是教学性导向的，即旨在教学或教育。科学传播的资助者和赞助者还包括大学和研究院所，以及科学相关的产业，比如，采矿业和制药业。显然，科学传播的产业赞助者实质上有经济和财政方面的考虑，并且这种情况在科学研究机构——包括大学中也越来越多（Brown & Carasso, 2013; Nelson, 2004; Slaughter, Slaughter, & Rhoades, 2004）。形形色色的非营利组织和非政府组织——从激进团体和倡导团体到慈善组织也会资助和赞助科学传播活动。虽然这种群体可能不会着眼于财政方面的因素，但他们都是议题驱动和议程驱动的典型。

当然，对科学传播来说，一个最完善且最常见的讨论空间就是科学新闻和新闻媒体（Bauer & Bucchi,2008）。从历史和概念上来说，科学传播与科学新闻之间存在着悠久的历史关联。比如，特雷瑟（Treise）和魏戈尔德（Weigold）的"提升科学传播：一项针对科学传播者的调查"（Advancing Science Communication: A Survey of Science Communicators）对美国科学作家协会（National Association of Science Writers）的成员、新闻部门和科学出版物的编辑以及在科学传播中开展研究的大众传播学者进行了调查，他们（未阐明的）假设是基于新闻的科学报道反映了更广泛的科学传播领域（Treise & Weigold, 2002）。实际上，在我们用谷歌搜索所得到的结果中也很明显地展示出了科学传播与科学新闻之间的关联，即 8 个词条中的 3 个来自新闻机构。与科学新闻的这种长期存在的关联为思考科学传播的资助与其实践之间的关系提供了一个好的起点。

新闻的支柱之一是独立性。在《什么是新闻？职业认同与记者的意识形态再思考》（*What is journalism? Professional identity and ideology of journalists reconsidered*）中，德尔兹（Deuze）把这种独立性描述为一种环境，"保护媒体免于审查；在一个公司里把记者从营销人员中解救出来；在新闻编辑部中让记者不仅仅是他们编辑的仆从"（Hanretty, 2014）。具体而言，编辑独立性——"独立于所有者的影响"——在这里是具有相关性的。编辑独立性被视为记者的一种意识形态性的价值观，并因其在报道中具有确保（或者至少尽可能地做到）正直性与客观性的作用而备受珍视。在很多方面，这些都是科学传播值得拥有的一些特性（Polderman, 2008），并且人们很容易会诉诸于一些与从业者同等的自主性或编辑自主性，比如说"从业者独立性"。套用汉若提（Hanretty）的话，从业者的独立性可以被界定为（Hanretty, 2010）：

在没有收到来自资助者或赞助者的指令、威胁或其他诱因或由此产生的期待并根据这些采取行动的情况下，从业者在针对他们的产出或者他们下属的产出做日常决策之中的独立性的程度，或者考虑这些资助者和赞助者的利益是否会受到对产出的特定选择的破坏。

独立性的精神气质内嵌于一组更大的被称为新闻的意识形态之中，并且不能从中脱离出来。作为公共服务和目标的新闻业所秉持的理念是新闻工作者广泛认同的核心价值观，其中包括记者应该"远离影响公共舆论和倡导社会变化"之类的观点（Hanitzsch et al., 2011）。这与科学中根深蒂固的规范产生了共鸣。尤其是，两种默顿学派的规范在这里是相关的，即普遍主义——科学主张的有效性应该以普遍的标准而不是社会政治特性为基础和无私利性——对科学工作的追求应该是为了共同的科学事业的利益而非个人得失。这些与编辑独立性（普遍主义）和公共服务的理念（无私利性）相当一致。虽然从其与科学规范的关联上来说，科学传播对客观性可能有一定的隶属性，但是科学传播是一种公共服务并且不受公共舆论的影响的理念则更加难以嵌入其中。毕竟，科学传播不是科学——它是传播。

和记者相比，科学传播在其从业者的凝聚力方面欠缺很多。实际上，科学传播从业者存在着令人吃惊的广度和多样性，这也是该领域的一部分优势。有些科学传播可能会非常容易地与公共服务的新闻理念保持一致，比如，我们在谷歌上找到的"解释那些东西网"对水力压裂法的描述。但是科学传播的其他行动确实旨在根据资助者是谁——比如加拿大油气信息网对水力压裂法的描述——来改变行为或呈现非常具体的观点。甚至看起来是新闻近亲的更良性的例子使得科学传播的挑战更加明显。让我们来看两个例子：机构的通讯和杂志，以及原生内容和软文。

从大学到研究中心，几乎所有的机构都会出版通讯和杂志。传统上，这种通讯和杂志包含各种新闻的混合以及与组织相关的事件，进而使得这种通讯成为报纸和新闻的近亲。比如，澳大利亚的政府科学研究机构——联邦科学与工业研究组织（CSIRO）每月出版一期名为《简要说明》（*Snapshot*）的通讯，刊登"当月我们有亮点的科学新闻"，它还包括招聘信息以及更多时事型的文章（CSIRO, 无日期）。但是在"亮点"方面，它的主要关注点成了机构通讯和杂志如何实现组织传播和企业传播的双重目标的优秀范例。前者（组织传播）在很大程度上聚焦于内部的传播，旨在把该组织的活动通知给组织的成员及亲密伙伴。后者（企业传播）则更加聚焦于外部，其目标是积极地向它的利益相关者宣传组织。在这种场所开展的科学传播不仅仅是单纯地提供信息，它能做的要比单独地提供公共服务议程多很多。这种通讯的目标是就正在发生什么进行告知，并且向机构的读者们宣传该机构的工作。

在引言部分，我们提到了利奇教授偶然在一份全国性报纸上看到了一篇软文，是大学资助了对失眠的原因所开展的大脑研究。软文和原生内容是一种广告形式，它拥有媒体的外观和感觉，这也是二者遭遇的地方。乔尔（Joel）将原生内容界定为"从技术形式和内容方面来说，一种必须专门为一个媒体渠道生产的广告形式"（Joel, 2013）。以化学工程新闻周刊品牌实验室（C&EN Brand Lab）为例，化学工程新闻周刊媒体集团的内部原生广告工作室生产"有吸引力的内容，以满足化学和制药机构的营销需求"（C&EN, 无日期）。这并不是独一无二的。《卫报》（*Guardian*）也有它自己内部的原生广告机构——卫报实验室（Guardian Labs），《纽约时报》也一样，它有时报品牌工作室（T Brand Studio）。但是鉴于化学工程新闻周刊尤其与科学写作和科学传播有关，所以它是特别恰当的。为化学工程新闻周刊品牌实验室工作的作家们是在《科学》杂志上发表过文章的资深科学作家们。至于上述的通讯，它们有双重目标：生产有趣又有信息性的内容，并且宣传集团或组织以产生品牌忠诚度。这些混合的目标对一些理念提出了挑战，比如从业者的独立性这样的东西确实适用于像科学传播一样广泛又多种多样的领域。这种关系的一部分是需要加以考虑的，它与顾问之间的关系比较接近，这种关系是与他们自己的一套规范一起出现的。

根据穆里根（Mulligan）和巴伯（Barber）的看法，客户 - 顾问关系的基础是"客户在某些他们自己不能做或者选择不自己做的事情上需要获得帮助，顾问通过这种或那种形式提供协助和专业知识以回应这种需求"（Mulligan & Barber, 2001）。对顾问来说，这种需求 - 协助的相互作用同样也存在于更典型的雇员 - 雇主关系中，和雇员一样，顾问面对着各种程度的权力和自主权（Bloomfield & Best, 1992; Pozzebon & Pinsonneault, 2012）。承认这种关系，包括科学传播中不同行动者面临的权力关系和自主权的多样性和复杂性，是搞明白批准资金资助权的一个重要方面，即在多大程度上资助对实践的影响是可接受的。

公共关系是与科学传播越来越接近的一个领域，在对这个领域中的顾问开展的一项研究表明，至少对公共关系顾问来说，有两个主要的伦理主题凸显了出来：尊重和诚实（Place, 2010）。有趣的是，尊重的理念主要聚焦于第三方上，比如记者和其他顾问；而诚实则既着眼于客户，又着眼于第三方。

对客户来说，诚实有双重功能：诚实的商业行为以及与他们的客户进行诚实的交流，并且在"给客户呈现一种高质量的、及时的产品"方面的诚实（Place, 2010）。考虑到科学传播者在其中扮演过多的角色和背景，在推断科学传播的资助应该如何影响科学传播实践时，让我们借鉴一下咨询的规范——尤其是公共关系咨询，以及新闻的规范——尤其是编辑独立性。

本质上来说，科学传播的张力在于，如何在一个多元又嵌入着财政问题的环境中协调好对智力上严谨主张的依恋。过度倾斜于独立性的新闻精神气质会导致人为地剔除什么才算是科学传播——对特定立场进行倡导或希望他们的传播可以改变行为的任何人都不能再被看成科学传播者了。对智力上严谨的中心位置偏离太远，科学传播者就会成为服务于你的主人和幕后老板的没有其他任何精神气质的雇佣兵，从而与在产品的质量和时效性上对客户诚实的立场背道而驰。如果诚实被理解成是理智的诚实（而不是在产品的质量和及时性方面对客户的诚实）的话，那么公共关系顾问所诉诸的诚实为弥合这些观点提供了一种方式。

当把科学传播看作既诚实又与真理的某些理念相关的科学时，诚实似乎是尤其相关的。诚实就是说真话。科学通常被视为是旨在对我们周围的世界提供符合事实或者尽可能地符合事实又精确的解释的（Psillos, 2005）。基切尔（Kitcher）在对科学与真理并不融洽的关系的一次精彩讨论中，他这样对我们说道，"科学的领域有时候会告诉我们有关自然的真理（Kitcher, 2003）"。这并不是说科学从来都是或可以提供真理的，而是对真理有一种渴望，至少从对经验世界进行解释的方面来说，提供某种真相是科学的目标。思考诚实的另外一种方式就是从正直的方面来说。正直有两种意思，完整、完全以及道德上正直、诚实。就像博德曼（Polderman）认为的那样，身体正直和道德正直都与科学传播相关。应该保持所传播的数据和事实的完整性，还应该正直地开展传播（Polderman, 2008）。

因为科学与真理、事实和精确性有着特殊的概念关系，这些真理、诚实和正直的理念在科学传播中呈现出一种独特的特点。这是一种深度运行的关系，是一种情不自禁地对科学传播的资助应该如何影响实践的理想进行塑造的关系。此外，对科学传播总是内嵌于一种有各种行动者的经济环境中的方式进行的思考会凸显出科学传播的一个非常根本性的方面：从赞助者 / 资助者与传播者的关系到传播者与他们的受众 / 公众的关系，再到研究者和资助者之间的关系等众多关系中，科学传播总是也必然是相关的。究其根本，所有的科学传播活动都是有关人际关系的，也依赖于人际关系，特定的关系会带来特定的道德义务。

> 科学传播发生于各种嵌入着财政问题的环境之中，并通过各种关系而产生。
>
> 我们需要考虑所传播的信息的完整性（它的真实性）及传播者的正直性。还需要考虑传播得以发生的财政环境和这种环境对传播的影响，我们在其中发挥作用的关系，以及这些关系给它们带来的道德责任。

参考文献

[1]   Bauer, M.W., & Bucchi, M. (2008). *Journalism, science and society: Science communication between news and public relations*. New York and London: Routledge.

[2]   Bloomfield, B. P., & Best, A. (1992). Management consultants: systems development, power and the translation of problems. *The Sociological Review, 40*(3), 533–560. https://doi.org/10.1111/j.1467-954x.1992.tb00401.x.

[3]   Brown, R., & Carasso, H. (2013). *Everything for sale? The marketisation of UK higher education*. London and New York: Routledge.

[4]   C&EN. (n.d.). *BrandLab*. https://acsmediakit.org/blog/editors-desk-cenlaunches-the-cen-brandlab/.

[5]   CSIRO. (n.d.). *Snapshot*. http://www.csiro.au/en/News/Snapshot.

[6]   Deuze, M. (2005). What is journalism?Professional identity and ideology of journalists reconsidered. *Journalism, 6*(4), 442–464. https://doi.org/10.1177/1464884905056815.

[7]   DIISRTE. (2009). *Inspiring Australia: A national strategy for engagement with the sciences*. Canberra: Commonwealth of Australia.

[8] Hanitzsch, T., Hanusch, F., Mellado, C., Anikina,M., Berganza, R., Cangoz, I.,... Kee Wang Yuen, E. (2011). Mapping journalism cultures across nations. *Journalism Studies, 12*(3), 273–293. https://doi.org/10.1080/1461670x.2010. 512502.

[9] Hanretty,C. (2010). Explaining the De Facto independence of Public Broadcasters. *British Journal of Political Science, 40*(1), 75–89.

[10] Hanretty, C. (2014). Media outlets and their moguls: Why concentrated individual or family ownership is bad for editorial independence. *European Journal of Communication, 29*(3), 335–350. https://doi.org/10.1177/ 0267323114523150.

[11] Joel, M. (2013). We need a better definition of "native advertising". *HBR Blog Network.*

[12] Kitcher, P. (2003). *Science, truth, and democracy.* Oxford: Oxford University Press.

[13] MBIE. (2014). *A nation of curious minds: A national strategic plan for science in society.* Wellington: New Zealand Government.

[14] Mulligan, J., & Barber, P. (2001). The client-consultant relationship. *Management Consultancy: AHandbook for Best Practice* (2nd ed, pp. 83–102). London: Kogan Page.

[15] Nelson, R. R. (2004). The market economy, and the scientific commons. *Research Policy, 33*(3), 455–471. https://doi.org/10.1016/j.respol.2003.09.008.

[16] Place, K. R. (2010). A qualitative examination of public relations practitioner ethical decision making and the deontological theory of ethical issues management. *Journal of Mass Media Ethics, 25*(3), 226–245. https://doi.org/ 10.1080/08900523.2010.497405.

[17] Polderman, A. (2008). Integrity in science communication. *European Science Editing, 34*(3), 62.

[18] Pozzebon, M., & Pinsonneault, A. (2012). The dynamics of client–consultant relationships: Exploring the interplay of power and knowledge. *Journal of Information Technology, 27* (1), 35–56. https://doi.org/10.1057/jit.2011.32.

[19] Psillos, S. (2005). *Scientific realism: How science tracks truth*. London: Routledge.

[20] Slaughter, S., Slaughter, S. A., & Rhoades, G. (2004). *Academic capitalism and the new economy:Markets, state, and higher education*. Baltimore: Johns Hopkins University Press.

[21] Treise, D., & Weigold, M. F. (2002). Advancing science communication: A survey of science communicators. *Science Communication, 23*(3), 310–322. https://doi.org/10.1177/107554700202300306.

第9章

科学传播的伦理指导原则是什么

摘要：在利用截至目前所做的讨论的基础上，本章把视野转向手头的任务，并且提出了一套科学传播的伦理原则。在对推动科学传播走向伦理原则的现有努力进行综述之后，本章讨论了应用背景下的伦理，以对为什么原则主义和关系伦理在科学传播伦理上取得进展尤其有效提供了充分的理由。然后本章为科学传播伦理提出了四个基本原则，即（所传播的信息的）效用、精确性、关键时刻和宽宏大量。每个原则都是在参照前几章的基础上进行描述和定义的。

关键词：科学传播伦理；原则主义；关系伦理

科学传播充满了伦理挑战。在某种程度上，让科学传播在伦理上变得格外复杂和混乱的原因就在于，被称为科学传播的东西所具有的广泛性以及它想成为任何东西的这种富有活力的渴望。随着科学传播的演化和成熟，出现了在实践和思想层面上与伦理的共舞。一方面，作为一个领域，科学传播的兴趣和话题源自科学，技能源自传播，而伦理规范则源自这两个领域。另一方面，作为一个新的领域，科学传播要做的不仅仅是把科学和传播结合起来，它必须为自己界定什么是合乎伦理的。通过这种共舞，双方都用类似罗尔斯

（Rawls）的反思平衡[①]概念界定了彼此。这种共舞当然永不终止。新的伦理挑战将会出现，因为会出现对科学进行传播的新方式以及会在这个领域中提出一些新问题。但是与伦理的共舞有助于科学传播的自我界定，并变得更加脚踏实地。那么，如何探讨科学传播伦理的问题呢？

正如我们在本书开头所解释的那样，我们认为，在科学传播中有一些需要拥有它自己的伦理原则的特别的东西。科学传播可以利用现有的伦理准则和原则，但是却不局限于此。它需要一个对它的挑战、它罕见的混杂性以及它的议题进行独特的证明的道德空间。有人试图为科学传播或它的近亲提供一些原则。实际上，O. 基欧汉（O. Keohane）、莱恩（Lane）和奥本海默（Oppenheimer）为风险传播所建议的原则与我们所提出的原则有一些相似性，然而我们有着比风险传播更加宽泛的目标，那就是更一般意义上的科学传播（Keohane, Lane, & Oppenheimer, 2014）。虽然其他学者更直接地谈到了科学传播，但尚未有人提出伦理原则。虽然在更全面地参与科学传播方面已经有一些关于道德能力的更多地聚焦于有效性上的建议——即在"与多元的受众就他们的研究进行有意义的对话"方面人们可能需要什么技能和原则（Seethaler, Evans, Gere, & Rajagopalan, 2019; Spitzer, 2017），但是伦理原则与能力或绝对的原则是不一样的。我们在这里提供的是更有针对性的东西，我们想为合乎伦理的科学传播提供一

[①] 反思平衡是理论原则与具体细节之间推理平衡的结果。约翰·罗尔斯认为，人们应该在原则（例如，平等意味着我们每个人都应该缴纳相同的税款）和对相关特定案例的直觉或道德判断（例如，有些人无论缴纳多少税款都将十分富有，因为他们生来富有；而另一些人并不如此，他们中的部分因为出身并不富有，因而让他们缴纳同等税额在直觉上便是错误的）来回转换。根据罗尔斯的观点，我们应该适当的修正关于什么是"正确"的观点，直到达到平衡。

套原则，或者换句话说，提供一种科学传播伦理。

在深入研究科学传播伦理之前，需要对这个领域的几个方面加以关注。首先，科学传播既是一个学术领域，也是一个实践领域，虽然这两者有时候是步调一致的，但有时它们也是张力的一种来源。其次，科学传播囊括了广泛的活动和知识追求，这种广泛性让我们似乎不可能界定出"一套适用于对科学进行传播的方式的明确、全面、连贯的伦理原则"（Priest, Goodwin, & Dahlstrom, 2018）。如果我们的目标是建立伦理原则的话，以赫尔德（Held）所描述的理性兼基于个人主义的伦理方法为基础，比如基于原则的伦理（义务论）或基于结果的伦理（功利主义）（Held, 2006），那么这显然是正确的。通过遵循一套理性模式——以一种近乎演算式的方式，很少考虑具体的情境性细节，这些方法逼近了道德推理中普遍性的伦理目标。实际上，这就是这些理论的魅力所在，即它们的普遍性。大多数职业伦理都是义务论的或基于规则的伦理，在这种伦理中，原则被视为规则。因为实践伦理深陷于需要考虑的微妙性语境之中，所以基于规则的伦理非常适合在有限和一致的情境中运行的领域，这种情况下的伦理议题有可能反复出现且相当一致。但是正如普莱斯特（Priest）、古德温（Goodwin）和达尔斯多姆（Dahlstrom）解释的那样，对于像情境和细节往往异常独特的科学传播这样多样化的领域来说，一种"通用的"、演算式逼近的方法是不够的，比如基于规则的伦理或基于结果的伦理。一旦考虑到更加细粒度的、细节性的情境，对看似普遍的规则的应用经常会导致极其反直觉的且通常是完全错误的主张。

举例来说，康德的义务论，即如果一项原则能被普遍化，那么它在道德上就是正确的，反之则是错误的，这一看法也许可以在更高阶视角上解决好说谎的道德性问题。义务论者会考虑"可以说谎"这一原则，并在算法上遵循这一理念的普遍化。如果说谎被普遍化，并且每个人都说谎，那么人们将不会再信任彼此了。如果没有信任，那么说谎将是徒劳的。因此，希望谎言被普遍化是不合逻辑的，因为它会适得其反。所以说谎在道德上就是错误的。但单纯说谎很少见：谎言发生在情境之中，并且有细节；我们说谎是为了保护那些我们爱的人；因为我们感到羞愧；因为我们想让其他人开心等。细节和情境很重要，一旦我们把两者考虑其中，事情就会变得稍有不同。以吃午饭这个简单的行为为例。虽然根据康德的义务论，"应该吃午饭"是一个很好的原则，但是事实证明，"周一中午 12 点 30 分应该在餐厅吃午饭"这一详细且情境化的原则就是不道德的。因为假使所有人都这样做，餐厅将会变得拥挤不堪，可能大家都不能吃到午饭或是找到座位，所以我不想把"周一中午 12 点 30 分应该在餐厅吃午饭"这个主张普遍化。当把细节和情境添加到任何普遍化、理性且演算式的伦理方法中时，都会发现类似的问题。

对科学传播来说，决策的情境和细节具有重要作用，因为这个领域的宽泛性意味着这些情境和细节可能差异巨大。为了应对这种"适用性"的挑战，伦理推理的替代性方法获得了人们的关注。在这里特别感兴趣的是原则主义和关系伦理或女权主义伦理。这两种伦理的方法带来了更为丰富的选择，尤其是在应用情境下，并为思考科学传播伦理提出了一些有益的、适当的方法。

探讨广泛而复杂的伦理领域的最有效且最成功的方法之一就是医学和生物伦理学。正如在第 3 章解释的那样，生物伦理学在三个核心原则的基础上采用了原则主义的方法：对人的尊重、行善和正义。虽然这些原则看上去和科学传播领域并不十分相关，但是原则主义这种方法具有吸引力。与多少都稍微以规则为基础的科学伦理、新闻伦理或传播伦理所采取的方法不同的是，原则主义并不命令或规定应该做什么。与之相反，它通过邀请所关涉到的人员考虑他们的行为如何与原则互动来指导决策者反思他们做出决策的方式。但是，生物伦理还提供了对科学传播来说尤其相关的更多的东西，即生物伦理成功地帮助了从业者（临床试验伦理）和研究者（研究伦理）全面思考他们可能面临的复杂议题。科学传播也是从业者和研究者混合的一个领域。这让我们认为原则主义可以很好地服务于科学传播。

关系伦理也提供了一个丰富的区域，这个区域是科学传播尚未探索的，也没被看作是与这个领域的实践相关的。在第 8 章中，我们探讨了关系的重要性，从委托人 - 专业人士的关系到传播者 - 公众的关系。关系伦理可以帮助我们把关系的作用理解为到底什么才算是合乎伦理的或好的传播的一个决定因素，并帮助我们认真思考"良好的"传播关系是什么样的。转向关系伦理还有另一个动机。关系伦理也常被称为女性主义伦理，更加密切地关注性别是科学传播中急需的一个举措。虽然科学发言人仍然以男性（白人、异性恋）为主，但是专业的科学传播者主要是女性，比如那些参与到机构传播、公共关系和科学新闻中的人而非那些位于管理职位的人（Beurer-Zuellig, Fieseler, & Meckel, 2009）。考虑到这一点，关系伦理为避开普遍的、理性的、演算式的伦理方法提供了一些见解和前进方向。

通过承认我们总是且不可避免地参与到依赖性的社会关系之中并受到它的影响，关系伦理——"将伦理行为明确地定位于关系之中的一种当代伦理方法"（Austin, Bergum, & Dossetor, 2008）与其他的伦理方法存在着不同。就像赫尔德（Held）所主张的那样，"每个人起初都是一个孩子，依赖于那些给予我们关爱的人，终其一生，我们始终以最根本的方式与他人相互依存。我们可以思考和行动，就好像我们独立地依赖于一个使我们这样做成为可能的社会关系网络"（Held, 2006）。从根本上说，关系伦理始于这样一种观点，即这种关系是伦理推理的核心。最著名的女权主义伦理——关怀伦理——认为"关心"应该是我们在关系中所追求的品质。但是，无论是追寻"关心"还是其他美德，关系伦理的关键在于，我们如何与他人交往以及我们与他人维持的这种关系在道德上是十分重要且相关的。合乎伦理的推理过程"并不是依据一种被视为客观且存在于人类生存的特定现实之外的毫无关系的道德推理过程"（Austin et al., 2008）。

从这一点看，关系伦理和原则主义说的是同一种语言，因为实际上它们在很多方面都是如此（Edwards, 2011）。关系伦理并没有命令或规定应该做什么。它也没有提供一个新的演算式过程来发现或决定我们应该做什么。与之相反的是，它让我们对关系进行审视——我们发现自己是在这种关系中做决定的，并反思这些关系如何重要。关系伦理也与原则主义共有一些相似之处，因为关系伦理被广泛地应用于实践之中，就像原则主义一样，主要是在医学环境中。

原则主义和关系伦理与在很多职业伦理中发现的标准"伦理准则"背道而驰，因为它们不是一种普遍的、理性的、演算式的方法；它们是我们可能称为的"反身伦理"——它们要求对情境中的行为进行反思。原则主义和关系伦理也说明了这个领域的许多特性：它们都被用于非常真实且实用的情境中，也被用于研究和学术环境中，两者都能对广泛的议题进行有用和明智的讨论。它们能提供的是一个为了更好地行动而对议题进行认真思考的工具包——这是一种有关实践的标准伦理准则所没有的。虽然有些人可能会发现它的一个弱点，那就是没有描述明确的准则。对于一个像科学传播一样面临着一系列情境上多元议题的多元领域来说，关注伦理推理而不是伦理行为是一种受欢迎且必要的美德。我们现在需要的是，决定对科学传播来说什么核心原则和价值观是恰当的。

显然，生物伦理的原则被设想成把医学和研究关切放在心上。对于为什么认为这些原则中的一些与科学传播相关，比如行善，我们可以提出有力的论证。但是生物伦理的其他原则似乎与科学传播关系不大，比如自主权。我们想利用本书中已经涉及的案例和讨论作为科学传播原则的一个基础。具体来说，我们希望基于四项原则提出一种科学传播伦理，它们分别是效用、精确性、关键时刻和宽宏大量。

效　用

本书以对一个基于初步印象的观点的讨论作为开篇，即科学传播从道德上来说是好的，因为被告知从道德上来说是好的。在本书开头的讨论中，信息所固有的"好"被证明是过于简单化了。信息可以但并不总是好的。决定对信息进行传播是否是一件好事的关键因素是，信息的可用性与信息造成伤害、造成痛苦或误导的能力之间的相互作用——博斯特罗姆（Bostrom）把这称为"信息危害"（Bostrom, 2011）。某样东西是否"有用"在本质上是主观的，是随着观点的变化而变化的。虽然某些传播显然是有用的，例如，向当地居民通报疾病的暴发，但其他看似无用或琐碎的传播可能在为那些介入到传播之中的人创造乐趣方面也是有用的。而创造乐趣不应该被摒弃。在伦理学中，用于描述主观价值的典型术语就是效用，这应该是第一条原则。

> 效用原则，或者说主观价值，要求所开展的科学传播活动必须考虑这个传播的价值，比如这个传播给所有介入其中的人赋权的能力，丰富所有介入其中的人的生活的能力，以及带来更好的社会或个人收益，等等。这包括权衡这个传播的潜在收益和潜在危害，其中包括不进行传播所带来的可能益处。
>
> 在这种情境下，虽然价值是主观的，并且依赖于利益相关者，但是特别需要注意的是这样的情况，即这个传播以提供决策信息为目标。在这种情况下，需要考虑根据这些信息采取行动的可能性。

精确性

对科学进行界定的一个方面就是它对精确性的承诺。科学知识是人们希望获得的一种可靠又严谨的知识。在理想情况下，它尽可能地接近于真理。不管我们把它称为准确性、真理、诚实还是其他什么，这种对认知可靠性和诚实的承诺完全适用于科学传播，并且成为该领域规范性基础的一部分。但是科学传播不仅仅是简单的事实性报道。它还包括通过故事、意象、小说甚至更多的形式来让利益相关者有趣、参与、感到兴奋和接受质疑。因此，尽管科学传播对认知可靠性具有一种承诺，尤其是在经验世界，但它本身并不致力于追寻真理。不过，无益的虚构作品、有意的错误信息和虚假的表征都会打破科学传播的伦理规范。可以用精确性这个术语来概括在真实的承诺（即使可能，真理也不一定在科学传播的职权范围内）与可允许的虚构之间的平衡，这是我们的第二条原则。

> 精确性原则要求，对真实性和精确性的任何背离都要仔细考虑。这包括对虚构的使用，故事化的实践等。精确性原则明确地表明，虽然我们可能努力追求实事求是的传播，但绝对靠近真理是永远不会实现的。因此，科学传播活动既致力于情境化的认知可靠性，又认识到人类在知识上的局限性。

关键时刻

在第 5 章中，我们重点强调了围绕着科学传播发生的"何时"的一些伦理议题。通过利用克罗诺斯（Chronos）与凯逻斯之间经典的希腊语上的差异——把时间视为定量的、可测量的与把时间视为定性的与合时宜的区别，我们认为后者对于（道德上）好的科学传播是至关重要的。没有人能"说正确的话",除非是"在恰当的时候说出来的"。对一些话题时机的考虑与对内容的考虑是同等重要的,比如新兴技术或自然灾害。事实上,时机对道德上良好的传播来说是至关重要的,这也包括科学传播。和所有的伦理议题一样,时机是一种权衡的行为。需要进行权衡的是,在确保所传播信息的可靠性上所用的时间与所牵涉的人拥有对这个传播采取行动的能力上所需要的时间,以及那些所牵涉的人能够参与到这个传播之中的时间。因此,我们提出的第三条原则是关键时刻。

> 关键时刻原则,或是说有利时机,要求必须特别考虑科学传播活动的时机——无论这种活动是实践还是研究。尤其是,应当考虑特定时间内对科学进行的传播可能带来的危害、益处和效用。
>
> 科学传播活动应该在这个传播能够让所有的利益相关者被最大化授权的一段时间内进行。

宽宏大量

借鉴女性主义伦理,并将关系置于伦理推理的核心,我们希望引起对每个利益相关者在传播行为中如何相关以及他们对其他人持什么立场的关注。当参与一项传播行为时,什么才是确定关系质量的标准?从许多方面来看,这反映了科学传播中的某种张力,即怎样才算是一个科学传播者、科学传播者对谁有承诺以及科学传播者扮演怎样的角色。有时传播的动力是教学式的(其关系是师生关系),其他时候则是民主的(其关系是公民之间的关系),不过还有其他时候则是营销式的(其关系是商家与客户的关系)。除此之外,还有很多其他的关系。所以是什么将它们整合到一起的?更重要的是,又是什么样的美德或者原则应该指导这些关系呢?正如上面所提到的,在伦理学中，关怀是这个问题最常见的回答，因此这也被称为关怀伦理学，虽然关怀是紧密相关的，并且可以应用于科学传播，但是我们希望提出一个更针对具体情况的美德：宽宏大量。我们所说的宽宏大量，首先是指认知上的宽宏大量。这意味着所进行的传播活动具有下列假设，所牵涉的其他群体（观众、利益相关者和反公众，等等）都有他们自己有价值的知识、经历和愿望，并且这些都有助于更好地了解和理解世界。简单来说，初始状态并不是"我最明白"。其次，我们所说的宽宏大量是指分配性的宽宏大量。这意味着要与不同的行动者进行传播，谁获得知识以及谁在传播中参与进来是重要的。

> 宽宏大量原则要求，在其他行动者的认知内容和立场上以及参与的广度上，都要本着宽宏大量的精神来对待传播活动。作为科学传播的支撑关系应该由对他人宽宏大量的精神以及更好地理解我们周围的世界、其他观点和他人知识的真诚愿望所驱动。

参考文献

[1] Austin, W., Bergum, V., & Dossetor, J. (2008). Relational ethics. In *Sage encyclopedia of qualitative research methods* (pp. 748–749). Los Angeles: Sage.

[2] Beurer-Zuellig, B., Fieseler, C., & Meckel, M. (2009). A descriptive inquiry into the corporate communication profession in Europe. *Public Relations Review, 35*(3), 270–279.

[3] Bostrom, N. (2011). Information hazards: A typology of potential harms from knowledge. *Review of Contemporary Philosophy, 10*, 44–79.

[4] Edwards, S. D. (2011). Is there a distinctive care ethics? *Nursing Ethics, 18*(2), 184–191. https://doi.org/10.1177/0969733010389431.

[5] Held, V. (2006). *The ethics of care: Personal, political, and global.* Oxford: Oxford University Press on Demand.

[6] Keohane, R. O., Lane, M., & Oppenheimer, M. (2014). The ethics of

scientific communication under uncertainty. *Politics, Philosophy & Economics, 13*(4), 343–368. https://doi.org/10.1177/1470594x14538570.

[7] Priest, S., Goodwin, J., & Dahlstrom, M. F. (2018). *Ethics and practice in science communication.* Chicago: University of Chicago Press.

[8] Seethaler, S., Evans, J. H., Gere, C., & Rajagopalan, R. M. (2019). Science, values, and science communication: Competencies for pushing beyond the deficit model. *Science Communication, 41*(3), 378–388. https://doi. org/10.1177/ 1075547019847484.

[9] Spitzer, S. (2017). *Five principles of holistic science communication.* https:// blogs. lse.ac.uk/impactofsocialsciences/2018/04/12/five-principles-of-holisticscience-communication.

第 10 章

实践中合乎伦理的科学传播

摘要：原则主义似乎是一个崇高的理想，所以本章转向一种应用的视角，以把抽象讨论置于真实世界的情境之中。这是通过如何应用前几章中提出的原则的三个案例来实现的，所提出的原则是（被传播信息的）效用、精确性、关键时刻和宽宏大量。所考虑的第一个案例是本书开篇中提及的基因检测。我们思考的第二个案例是著名的拉奎拉地震。最后，我们考虑的是由于不成功的科学传播未被提及而产生的偏见。每一个案例不仅表明了什么是有问题的，而且阐述了如何更合乎伦理地使用这个原则。

关键词：科学传播的伦理原则；应用伦理学；拉奎拉地震；负面发现

还记得第 1 章中介绍过的詹妮佛吗？ 39 岁的詹妮佛接受了曾导致她祖母死亡的乳腺癌相关基因突变的检测。詹妮佛还被提供了针对另外 20 项基因突变的额外检测，结果显示她确实存在一种突变。对于那些有胃癌家族史的人来说，这种突变确实是非常坏的消息，但是对于没有这样家族病史的詹妮佛来说，没有人能说清这种突变具体意味着什么。这种突变可能很可怕，也可能无关紧要。但无论如何，仅仅知道这一点是有些怪诞的，而且也不太有用。那么，在这种情况下我们应该如何去传播呢？我们先前提出的原则能否有所帮助呢？如果可以，又是如何提供帮助的呢？

在第 9 章中，我们基于四项原则，即效用、精确性、关键时刻和宽宏大量，为科学传播伦理的一种原则主义方法提出了一个观点。虽然对这些原则本身进行了阐述，但它们的应用以及原则主义方法是如何实践的还停留在非常理论的层面上。本章旨在从某种程度上为我们提出的科学传播伦理提供某种意义上的适用性。通过利用医学伦理和生物伦理，我们将用案例研究来展示原则主义是如何启发科学传播的伦理议题并指导我们对此进行思考的。在转向这些案例之前，我们将阐述"实践中的原则主义"看起来是什么样子的，包括它的范围和局限性，并且重新审视所提出的原则。

我们如何应用这些原则以成为合乎伦理的科学传播者？

在考虑原则主义的应用实例之前，值得一提的是，要注意"如何"把它们应用到案例中。这些原则是无等级之分的。

这意味着，在默认的情况下，没有任何一个原则是凌驾于其他原则之上的。没有任何一个原则作为支配我们思想或行为的伦理指针。在某种意义上，它们都需要我们同等严肃的对待。挑战在于，在某些情况下，两项或两项以上的原则可能会产生冲突，并可能会导向不同的方向。这正是棘手的工作开始的地方，并且在许多方面，这也是需要真正地考虑伦理的地方。举例来说，当对有关健康或饮食的一项研究发现进行传播时，效用原则认为我们应该传播对受众来说有意义且相关的方面。但这很可能会导致对"放弃乳制品来抗击癌症"的单一研究所主张的乳制品存在潜在负面影响的误解（Hicks，2014）。另一方面，精确性原则表明，我们应该传播严格、精确、可靠的消息，例如乳制品既有保护作用又有危害效果（Cancer Society，2012）。但有时，可靠的消息不太容易操作，尤其是在像健康这样的复杂领域中。在这种情况下，我们需要考虑相互冲突的原则，对它们进行权衡，并且看看其他原则是如何影响我们的推理的。

在这些原则保持一致的情况下运用这些原则时，我们应该坚持每一项原则。也就是说，我们应该确保我们的传播提供了效用，我们的传播是真实且准确的，我们的传播是契合时宜的，而且我们以对公众宽宏大量的精神来做到这一点。然而，这多少有点是一种理想化的责任。当对"现实世界"的实际情况进行认真思考时，我们需要通过评估在这种特殊情况下哪种原则更具相关性以及哪种原则更有分量，以便权衡每种原则的要求。这似乎表明，这些原则不太可能总是会指向一个清晰的解决方案，或总是会明确地发现我们应当把哪种行为作为"正确的举措"。但无论是从理论基础还是实践基础来看，这都是不正确的。首先，从理论上来讲，这让伦理错失了目标。因为在生物伦理中运用原则主义上已经有了很好的讨论，所以"这四项原则的路径并没有为选择提供一种方法"（Gillon, 1994）。作为道德能动者，我们都有责任找到自己的答案，但要做到这一点，就要利用一套共有的根本性的道德承诺（Macklin, 2003）。这些原则所提供的正是这种共同的道德基础。其次，从实践的视角来看，这些原则可以，通常也确实能够作为一个非常有效的道德指针。有时候是因为似乎只有其中一个原则真正重要，有时候则是因为所有的原则都指向相似的方向。只要有一个以上的原则存在，有时就可能存在张力，但这既不是理论上也不是实践上的障碍。如果硬要说的话，这其实是一种美德；它有助于让伦理更加明确。

在第9章中，我们提出了四项原则。我们本可以提出三项、五项或其他数量的原则。但我们最终选定了四项，并不是因为我们一定要找到四项，而是因为这些原则对于科学传播来说似乎尤其具有说服力和针对性。而这样的原则碰巧有四项。所以我们提出了效用原则、精确性原则、关键时刻原则和宽宏大量原则。简单总结如下：

效用原则给科学传播者赋予的道德责任是，让他们去考虑这种信息或传播的有用性，去考虑这种信息或传播给那些参与到这种传播之中的人带来的价值，无论是实用价值、智识价值、情感价值还是其他价值。但从根本上来讲，效用原则明确地表明，某个特定的传播不能先验地被看作有价值的或好的。

精确性原则给科学传播者赋予的道德责任是，考虑这种信息或传播的可靠性和严谨性，考虑在何时为了便宜性，为了解释效力，为了叙事的流畅或为了其他原因而可以牺牲或降低这种可靠性或严谨性。从根本上来讲，精确性原则明确表明，在任何传播中，所传播信息的可靠性和严谨性总是不尽完美的，并且总是涉及选择。

关键时刻原则赋予科学传播者的道德责任是，要考虑这种传播的时机，要考虑何时是传播的好时机，以及何时是传播的正确时机，包括时机对预期影响、对所牵涉的那些人采取行动和做出反应的能力以及情况的紧迫性等的影响。从根本上来讲，关键时刻原则明确地表明，在任何传播中，何时的问题与如何以及什么（内容）的问题同样重要。

最后，宽宏大量原则赋予科学传播者的道德责任是，在知识的自主能力方面和参与的广泛性方面，都要以宽宏大量的精神接触他人。从根本上来讲，宽宏大量原则明确地表明，在任何的科学传播中，我们在谁被纳入进来，如何把他们纳入进来以及他们如何带来知识等方面所采取的立场上总是涉及选择。

拥有了这些原则，我们现在可以从詹妮佛的案例开始，来看看它们是如何在一些非常实际的案例中得到应用的。

詹妮佛

詹妮佛就是一个有着非常精确但却无法付诸行动的知识的经典个案，这种知识可能会让人深感苦恼。这种她存在着明确的基因突变的信息是精确且严谨的。但是传播者——即本案例中涉及的遗传学者的关切则在于是否传播以及如何传播这种信息。尽管在我们充分思考的过程中其他两项原则也会发挥作用，但有两项原则似乎与本案例尤其相关，那就是关键时刻原则和效用原则。

关键时刻原则要求我们考虑传播的时机。实际上，在考虑到时机的时候，关键时刻原则明确地表明，在理想的环境下，在开展检测之前，我们应该进行一些预先的沟通，然后只有在詹妮佛知情的情况下明确地表明她有进行检测的意愿后才能开展。但事实并非总是如此，并且这里也不存在这种情况。在已经做了检测的情况下，除非我们能找到一台时光机，否则留给我们的就只剩下去决定是否传播以及如何传播的道德困境。鉴于我们所处的立场，有必要思考一下把这个测试结果传播给她的效用（我们后面再回到时机的问题上）。

效用原则表明，鉴于这个信息没有可操作性，我们并不必然想要传播这个信息，或者至少我们应该对这个信息进行传播的优点持保留意见。事实上，效用原则强调，除了詹妮佛之外的任何人都无力去评估了解基因突变的价值。如果詹妮佛是唯一一个能够对这条信息的效用进行评估的人，那么思考她的知识和她的状态似乎就至关重要了。

宽宏大量原则意味着我们应该考虑詹妮佛的认知基础，并对她一个人保持宽宏大量。这意味着我们应该考虑到她对基因突变的先验知识和了解程度，并考虑周全她的个人立场。基于后者，我们也许会考虑精确性原则，以及如果我们要传播这条信息的话，我们应该传播多少。如果詹妮佛对遗传有着深入的了解，并且已经表示过对这种基因突变可能会发生有着先验的理解以及认为这无关紧要，那么也许会进行一场相当坦诚的讨论。如果詹妮佛对基因突变了解甚少但是情绪稳定，那么关键时刻原则可能会再次发挥作用。也许应该进行一次初步的讨论，表明某些人存在着一些只在其他情境下相关的基因突变这一事实，并且如果詹妮佛有这种突变的话，就要衡量詹妮佛对这一发现的兴趣或者接受能力，如果她乐于接受，则再做更公开的披露。其他的因素可能会影响我们的决定，这种正确的行为路线恰巧取决于环境，但这些原则在指导我们的思维方面为我们提供了一种方式，并且帮助我们驾驭伦理传播的复杂性。

地震预警

第二种需要考虑的是类似于拉奎拉（L'Aquila）地震的案例。2009 年发生的群震让顶尖科学家们组织了一次会议来评估意大利中部城市拉奎拉遭受严重地震的风险。尽管现实是，在科学上并没有什么方法能够对地震发生或不发生这样的事情做出精确的预测，但是政府工作人员以及意大利国民保护部门（Civil Protection Department，DPC）的首脑在会后发布了一系列旨在安抚社会关切的让人安心的声明[1]。在这个特殊的案例中存在着很多发挥作用的独特的社会、政治和历史因素，在之后的一年里，这些因素逐渐地浮现了出来。这些安抚公众的声明导致了对参与预测的政府工作人员和科学家的刑事追究、法律起诉，以及对于科学的角色、不确定性和公众传播以及更多方面的大量辩论。关于这些问题和它们对传播策略的影响已有诸多著述（Alexander, 2014; Benessia & De Marchi, 2017; Marincioni et al., 2012; Sellnow, Iverson, & Sellnow, 2017）。但是我们所关心的是，在这类情况下对科学进行传播的伦理的更一般情况。与詹妮佛这种非常精确但缺乏可行性的知识的范例有所不同的是，这是一个对非常可行但是存在不确定性的知识进行传播的范例。

---

[1] 例如，声称"恰恰相反，因为能量在不断释放，所以科学界使我不断相信这是一个有利的情况。"

虽然詹妮佛的案例有可能会（通过痛苦等）带来极大的个人损失，但是像拉奎拉这样的案例则会带来重大的社会损失。

和詹妮佛的案例情况一样，问题在于是否传播以及如何传播这个信息。诉诸于我们所提及的原则的话，精确性原则要求我们应该在我们传播的知识中尽量保证精确、严谨和可靠。但是要马上获得准确的知识基本上是不可能的。事实上，等到精确的信息出现时可能已经为时太晚了。这就与关键时刻原则相关，它认为我们应该在正确的时间进行传播。在像拉奎拉这样的案例中，正确的时间是显而易见的——那就是在地震发生之前。为了做到这一点，我们可能需要修正我们对精确性的追求。考虑到时间的限制，这里有两种办法可以修正精确性。一方面，可以通过更有力地传播超出我们确定的主张来牺牲精确性，尽管并不确定，但我们可能会说"你必须离开"或者"完全没必要担心它"。或者，我们可以通过保持对这种科学不确定性的精确而牺牲某些认识上的权威性。效用原则要求我们应该传播可用的信息，并且要取决于我们正在与谁进行传播，因为在这种情境下什么才算是有用的信息会发生变化。这样的话，宽宏大量原则就很重要了，尤其是认知上的宽宏大量。对公众可能了解什么的考量，并且以尊重的态度对待他们的知识以及他们知道和理解这些知识的能力是很重要的。

在公众几乎不了解地震的历史或情境的情况下，对其进行的传播应该更加实际和直截了当。在公众对于地震的历史有所了解或者经历过地震的情况下，那么对不确定性保持更加开放的态度和更加精确会让他们做出更具自主性的决定。就像一直生活在拉奎拉的外科医生文森佐·维多里尼（Vincenzo Vittorini）解释的那样，科学传播"可能以某种方式剥夺了我们对地震恐惧的权利。科学在这种情况下是极其肤浅的，它背弃了我们的父母教导我们的以经验和先辈们的智慧为基础的审慎的文化和理智"（Hall, 2011）。

停止糟糕的科学传播

科学传播的评估在科学传播的研究和实践领域一直都是一个热门话题（Illingworth, 2017; Jensen, 2014）。为了完善我们的案例，我们想要提到实践中的一段小插曲。一位科学传播者评估了他们自己的工作，发现它并没有起作用，于是提出了其他人可能也不应该继续科学传播工作的论断。通过这种方式，这个案例表明在科学传播参与的善或恶上存在着一种道德因素。但多少令人惊讶的是，文献中并未充斥着大量的负面例子。现在，可能至少有一些很好的理由来解释这件事情。

首先，随着科学传播逐渐成为一个学术研究领域，它借鉴了一项学术传统——不发表负面的结果。

其次，要了解一个"糟糕"的案例，人们需要一个有关什么是科学传播的理论。这就像当波普尔（Popper）有了一个成熟的证伪理论时，他就能够认为弗洛伊德（Freud）是"非科学的"一样，科学传播需要它的顶尖理论学者指出一些非科学的（un-science）传播的传播案例。

再者，也许对科学传播的实践来说是最有趣的，公开指出糟糕的案例是一种羞辱。这些原因提出了它们自己的解决方法——发表一些负面的结果并且使之成为我们这个领域的特色，也就是我们能轻易分辨出好的与坏的。

然后，在科学传播的文献上花一点时间来确认这个领域的理论是如何发展起来的——这里存在着一些制高点。举例来说，我们可以将布莱恩·温（Brian Wynne）对塞拉菲尔德（Sellafield）地区周围坎布里亚羊的牧羊人的经典研究作为推动这个领域向它自己的创始原则迈进的一个例子（Wynne, 1994）。

在某些方面，有关羞辱的问题可能更为紧迫。谁没有尝试过某些惨遭失败的科学传播呢？对一些情节来说，其原因极其平淡乏味并且可以预测——传播者没做好准备，对科学的适宜性没有给予重视。但是对一切都应该奏效的科学传播的其他情节又当如何呢？那些可能只是顺其自然地发展并于截止日期后仍在继续的科学参与项目又怎么办呢？科学传播中的宽宏大量文化可能会在某种程度上鼓励在该领域内对这种议题进行讨论。

鉴于在以规范性为基础来对科学传播的成功进行探索的案例少之又少，我们还是在文献中找到了一个呼吁进行伦理探索的案例。在日常科学学习中的平等与排斥方面，艾米丽·道森（Emily Dawson）有一个长篇大论的研究，这个研究指出了在科学传播和参与中可能会出错的众多方式。道森和被科学参与活动排除在外的5个不同的社区群体进行了合作，这些参与活动大多出现在博物馆/科学中心的情境之下（Dawson, 2019）。她发现，科学参与在某些情况下重现了由殖民主义、种族主义和厌女情结所确立的排斥模式。虽然她指出了在公民科学以及草根群体的科学发展中打破这种模式的一些案例，但她的研究要求当代的科学传播者具备高水平的伦理推论能力。如果把观众排除在外的话，当代科学中心的效用是什么呢？考虑到我们当前处于一个大量迁移的时期，这些问题不应该得到更优先的考虑吗？道森的工作同时指出了把科学传统表征为白人和西方占据主导地位的不精确性——科学传播者如何精确地描述全球的科学遗产（Harding, 1998）？最后，还有宽宏大量原则。联合国难民署（UNHCR）指出，人口迁移给东道主国的经济和文化领域都带来了真正的价值（United Nations High Commissioner for Refugees, 2019）。宽宏大量原则表明，科学传播者或许可以不仅通过欢迎每一个人——不只是邀请，而且通过倾向于鼓励所有人都参与到科学之中的这种传播来回报一些价值。

参考文献

[1] Alexander, D. E. (2014). Communicating earthquake risk to the public: The trial of the "L'Aquila Seven". *Natural Hazards, 72*(2), 1159–1173. https://doi. org/10.1007/s11069-014-1062-2.

[2] Benessia, A., & De Marchi, B. (2017). When the earth shakes … and science with it. The management and communication of uncertainty in the L'Aquila earthquake. *Futures, 91*, 35–45.

[3] Cancer Society. (2012). *Dairy foods and cancer risk.*

[4] Dawson, E. (2019). *Equity, exclusion and everyday science learning: The experiences of minoritised groups.* London: Routledge.

[5] Gillon, R. (1994). Medical ethics: Four principles plus attention to scope. *British Medical Journal, 309*(6948), 184.

[6] Hall, S. S. (2011). Scientists on trial: At fault? *Nature News, 477* (7364), 264–269.

[7] Harding, S. G. (1998). *Is science multicultural?: Postcolonialisms, feminisms, and epistemologies.* Bloomington: Indiana University Press.

[8] Hicks, C. (2014). Give up dairy products to beat cancer. *The Telegraph.*

[9] Illingworth, S. (2017). *Delivering effective science communication: Advice from a professional science communicator.* Paper Presented at the Seminars in Cell & Developmental Biology.

[10] Jensen, E. (2014). The problems with science communication evaluation. *Journal of Science Communication, 13*(1), C04.

[11] Macklin, R. (2003). Applying the four principles. *Journal of Medical Ethics, 29*(5), 275–280. https://doi.org/10.1136/jme.29.5.275.

[12] Marincioni, F., Appiotti, F., Ferretti, M., Antinori, C., Melonaro, P., Pusceddu, A., & Oreficini-Rosi, R. (2012). Perception and communication of seismic risk: The 6 April 2009 L'Aquila earthquake case study. *Earthquake Spectra, 28*(1), 159–183.

[13] Sellnow, D. D., Iverson, J., & Sellnow, T. L. (2017). The evolution of the

operational earthquake forecasting community of practice: The L'Aquila communication crisis as a triggering event for organizational renewal. *Journal of Applied Communication Research, 45*(2), 121–139.

[14] United Nations High Commissioner for Refugees. (2019). *Contribution to the expert symposium on international migration and development* (UN/POP/ MIG-1ES/2019/5). New York: United Nations. From https:// www.un.org/en/ development/desa/population/migration/events/other/ symposium/201902/ documents/papers/5.UNHCR.pdf.

[15] Wynne, B. (1994). May the sheep safely graze? A reflexive view of the expert-lay knowledge divide. In B. Szerszynski, S. Lash, & B. Wynne (Eds.), *Risk environment and modernity: Towards an new ecology* (pp. 44–83). London, Thousand Oaks, and New Delhi: Sage.

第 11 章

科学传播合乎伦理吗？
关于正义的问题

摘要：截至目前，这本书一直侧重于科学传播实践的伦理，并最终为该领域提出了一套原则。本章采取一种不同的策略并且考察作为整体的科学传播这一领域的伦理学：作为一个领域的科学传播是否存在着某些具体的道德性？本章对存在着反科学的危机和科学传播的危机这种反复提及的主张进行了思考，认为并不存在这种危机。或许存在一种认知危机或专家信任危机，但这些远远超出了科学的范畴。最后，本章探讨了把这些危机视为专属于科学的话会对其他知识领域产生什么影响，以及好的知识会是什么样的社会设想。

关键词：科学传播；认知正义；反科学；危机学科

　　鉴于这本书主要针对那些从事科学传播的人，希望你会同意从事科学传播工作的一个有益方面是，我们通常对自己所从事的工作以及它如何为社会做出贡献感觉良好。传播知识是一种美好、有用且有价值的追求，那些专门从事于传播这种技术上复杂的知识的人会得到额外的好处，如传播科学和技术。事实上，许多人起初进入该领域的原因就在于，通常是施加于让知识易于获取和理解之上的价值，以及让清晰表述的科学知识进入公共领域的重要性。对于其他人而言，进行科学传播的驱动力可能是确保科学和科学共同体以更好的方式更广泛地倾听社会的声音并与之互动。不管怎样，从事科学传播的动机都是要让世界变得更美好。尽管对一些疯狂又邪恶的科学家们存在着不断重复的观念——他们通常会被描绘成多少有些行为失常的行动者，但是设想一个疯狂又邪恶的科学传播者会在某些邪恶目的驱使下而采取行动是更加困难而且有些滑稽的。因此，科学传播在道德上似乎是一件好事。

但如果科学传播在道德上是好的，那么这种好体现在何种意义上。毫无疑问，科学传播在道德上可以是好的——在适当的环境下，所开展的科学传播行为经过了深思熟虑并产生了良好的结果。事实上，前几章正是探讨了这个问题，即我们如何从事道德上好的科学传播。但科学传播可能是好的还存在着另外一层意义。在后一种意义上，不仅是科学传播的某些行为或事件是好的，而且科学传播本身在道德上也是好的。科学传播的某些东西使它成为一种特别高尚或值得赞扬的追求。简而言之，科学传播活动应该在特定情况下受到道德上的赞扬，尤其是在道德方面，或者说它本身应该无条件地受到道德上的赞扬。

科学传播的复合背景注入到了这种困境之中。科学领域通常被视为是中立的。传播实践具有更密切且更复杂的道德准线，不妨思考一下把新闻作为一种公共产品的情况。如前所述，科学与价值观之间存在一种有趣的关系，这种关系的一部分是对可能被视为是道德中立性的一种长期承诺。物理学是这种道德中立的典范：它帮助我们理解物理世界，可以用它获得莫大的好处，也可用来造成巨大的伤害。但物理学本身不好也不坏，它只是物理学，它是中性的。道德上的赞扬或谴责并不附属于物理学这个学科，而是针对源自物理学的特定行为或事件，核武器就是一个典型的例子。换句话说，物理学这个领域在特定情况下是道德上值得赞扬的或可指责的——这种表扬并不是因为物理学从根本上说在道德上是好的。把物理学看作远离于伦理的并且在本质上是中立的这一观点也是绝大多数科学领域研究人员所持的观点。化学在其应用中可以带来好处，但其本身是中性的。这也是对生物学、天文学、地质学等学科所持的普遍观点。

但是一些科学领域具有价值负载的使命。像医学研究、保护生物学和军事研究这样的领域并不是单纯地生产可以同样适用于或善或恶的新知识，这些领域生产的新知识是有特定目的的。首要目的是治愈疾病，其次是保护自然，最后是制造更精确和致命的武器，这些目的被视为是内在地具有价值负载的。这些有时候被称为使命驱动的学科（Meine, Soule, & Noss, 2006; Sandbrook, Adams, Büscher, & Vira, 2013）凭借其固有的目标而承担一定的道德责任。与在特定情况下会受到道德上的称赞或谴责的物理和化学不同的是，使命驱动的学科本身就被视为具有内在的道德属性。当这种使命被认为是值得赞扬时，这一学科本身也同样被内在地认为是值得赞扬的，反之亦然。当我们专注于值得称赞的使命驱动的学科时，在那些目标是为了深谋远虑的使命驱动的学科与那些伴随着紧迫感一起出现而不作为又很有可能会导致"一场悬而未决的社会危机"的使命驱动的学科之间存在着进一步的区别（Lafferty, 2009）。例如，气候变化的影响，尤其是它对诸如疟疾这样的传染病的传播和发病率的影响，让与健康相关的气候变化研究成为一门危机导向的学科。

在需要采取紧急行动来阻止或最小化可能的伤害方面，危机导向的学科就是使命驱动的学科，这让危机导向的学科内在地成为值得赞扬的使命驱动学科。危机导向的学科理念主要应用于诸如癌症研究这样的卫生领域，以及诸如在生物多样性日益减少的时代背景下的保护生物学这样的环境科学领域（Chan, 2008）。与我们密切相关的是，环境传播被看作一门危机导向的学科，从而呼吁"环境传播学者和从业人员为该领域需要解决的众多传播相关挑战提供建议和'工具'"（Cox, 2007）。鉴于科学传播与环境传播之间有明显的共同之处——气候变化传播到底是一个"环境传播"主题还是一个"科学传播"主题？似乎提出下面的问题是恰当的：科学传播是一门危机导向的学科吗？毫无疑问，科学传播似乎是一门使命驱动的学科，但这一使命是应对"悬而未决的社会危机"还是这种使命本身就值得称赞呢？

《原子科学家公报》（*Bulletin of Atomic Scientists*）（Schulman, 2019）中的一篇文章写道，2018年是"科学战争标志性的一年"。在科学中具有引领作用的公共发言人对即将兴起的"反科学"思潮表示越来越担忧，比如物理学家布莱恩·考克斯（Morton, 2018）。在科学上有意或无意的无知给民主所带来的威胁是西方话语中反复出现的主题。事实上，如果这些说法属实，那么正如《科学美国人》所言，我们将面临一场"科学传播危机"（Morton, 2018）。正如那篇文章所建议的那样，其解决方法是开展严谨的研究，以便"从公众理解和情感的角度"获得"对有效的科学传播的过程和传播的结果更深刻的理解"。我们还需要"学会参与进来而不哗众取宠，使人着迷而不欺骗，在坚持基本的科学的同时又带有一定的强迫性"。我们需要理科毕业生——可能包含本科生，把学会如何传播作为他们学习的一个内在组成部分。简而言之，我们迫切需要科学传播。据此来看，世界正面临着一场认知危机，在这场危机中，科学并未像实际上的那样被视为可靠的知识，反科学的地位得到了巩固，并且我们的民主愿望正被科学的谎言和错误信息所劫持（Smol, 2018）。在可靠的知识和对科学的信任上存在着一种"悬而未决的社会危机"，传播则是解决危机的关键，从而让科学传播成为一门危机导向的学科。

将科学传播定为一门危机导向的学科混淆了两种截然不同的观点。一方面，有一种观点认为事实和信息存在着欺骗；一些毫无根据的观点与有理有据的、可靠的、真实的主张被赋予了同样的认知价值。我们可以把这称为"认知危机"。另一种观点认为科学正在遭受攻击。作为更广义上的一种制度的科学正在被怀疑、被厌恶和被抵制。我们可以把后者视为"反科学危机"。尽管两种观点可能是相关的，但这种关系是混乱的。毫无疑问，虽然许多人在不同情境下会否认或忽视科学上公认的事实——从反对疫苗到否认气候变化，但同样是这些人并不必然或者通常会拒绝科学本身。对疫苗的科学共识持反对意见的许多人也会因为科学共识而非常担忧气候变化。类似的是，以创世论者为例，他们通常被视为最典型的反科学团体之一。20%~30% 的美国成年人持有创世论信仰（Funk, Smith, & Masci, 2019）。然而，87% 的美国人认为科学技术对解决未来的问题具有积极的影响，中小学学校、大学、军队、宗教团体、政府或其他社会团体则更是如此（Parker, Morin, & Menasce Horowitz, 2019）。重要的是，鉴于只有 13% 的人口没有高度赞扬科学，但超过 20% 的人口是神创论者，所以这意味着至少有一些，更可能是大多数神创论者把科学视为一种积极的力量。简而言之，虽然神创论者可能会质疑或否认科学的特定方面——即进化论——但他们并不反对科学。事实上，几十年来对科学的支持程度并未发生动摇（Funk & Kenned, 2019）。如果我们要科学地看待公众对科学的态度的话，实际上并不存在"反科学危机"。

　　不过，可能会出现一场"认知危机"。确实，有关在有利可图时事实会越来越多地被置之不理的主张可能也有一定的理由。显然，"后真相"（post-truth）在 2016 年被评为年度词汇的现实表明了这种担忧。不过这才是混乱真正发挥作用的地方。无论如何，不理会或否认事实这一行为并不是特别地针对科学的。在不断上升的另类右翼所固有的对暴力种族主义的忽视或否认方面存在着完好的记录和证据，然而经常被忽视的是对有关疫苗的事实的忽视、否认和置之不理。来自并非不正常的非法移民犯罪率的事实也同样确凿（Hagan & Palloni, 2014; Spenkuch, 2013），然而置之不理、否认或忽视这一事实的过分的主张与置之不理、否认或忽视气候变化事实的主张一样常见。关键是，虽然有关存在一种"认知危机"的主张可能是正确的，但在这场危机中，科学并没有什么特别之处。如果这不是针对科学的——我们所说的"科学"在这里发挥了一些作用，接下来会谈到这个方面——那么科学传播应被视为一门危机导向的学科的主张似乎就言过其实了，尤其是考虑到科学实际上享有较高程度的公众支持时，这可能是因为将毫无根据的"反科学危机"与错综复杂的"认知危机"混为一谈了。

因此，科学传播不是一门危机导向的学科。就其本身来说，这并不能解决我们最初的问题，即科学传播是应该被内在地视为在道德上是好的，还是只在特定情况下才被视为在道德上是好的。在把科学传播视为一种凸显其内在的道德良善的方式上，科学传播可以带来很多好处（Stocklmayer, Gore & Bryant, 2001）。科学传播之所以能成为一种善的力量的经典理由就包括民主方面的原因。其理由是，为了成为优秀的民主公民，享有投票权的公民需要了解或至少有机会获得与政策相关的科学信息。经济方面的原因是，由于科学与经济增长息息相关，因此一个具有科学素养的社会可以推动或有利于国家的经济繁荣。功利主义的原因在于，具有科学素养可以让人们做出更优选择，例如，通过赋权让人理解疫苗的价值。还有文化上的原因，因为科学是现代文化的一个决定性特征，因而对一种文化有所了解就其本身来说就是很好的。我们还可以详细列举更多理由，但最根本的一点是，无论科学传播是否是一门危机导向的学科，从它对社会的贡献、如何做出贡献以及如何与社会的互动来看，从道德的观点来看科学传播本身可能本质上就是好的。

在这本书的开篇，我们将科学传播呈现为内在地与知识是联系在一起的。事实上，如果科学传播至少在很大程度上不是关于传播可靠的知识的，不是将知识公布于众的以及不是共享知识的，那么很难确定"科学传播"中的"科学"能给我们带来什么。就像现在呈现的这个理由一样，赞扬和尊重科学传播的根本理由是关于知识的以及关于什么知识会对社会有所贡献的。因此，如果科学传播被视为一个内在道德良善的领域，那么这种美德来自科学传播与知识的关系，来自科学传播对我们认知水平的影响。但是，出于多种原因，我们需要关注作为一个领域而不仅仅是个体实践的科学传播的伦理意义。尤其相关的是科学传播事业对我们的社会认知地位的意义，即从社会层面上来说，对什么才算是良好的知识的意义。位于这些担忧背后的是，人们对"科学"意味着什么的长期困惑。具体来说，就是对科学传播中的"科学"指代的是广义上的所有知识还是狭义上的只存在于生物物理学领域的经验性知识；"科学"是你攻读学位时所学习的东西，还是它更像是其基础术语"科学"（scientia）所意味着的一般意义上的知识。

　　首先要考虑的问题是，科学传播实际上可能会导致公众对科学在社会中的作用产生扭曲的看法，并且这会导致认知上的不公正。当科学仅仅应用于生物物理学领域时——事实上，这就是科学传播中通俗意义上的"科学"，那么存在着把科学作为一种知识形式，支持和鼓励把科学知识接受为真实且可靠的制度性支持就存在着一定的问题。问题在于，通过政府政策和战略、通过学术追求等给予的这种制度性支持是仅提供给科学的，从而将科学定位成了一种唯一重要且相关的认知领域。然而许多非生物物理学领域的事实也很重要——从历史事实到法律事实到社会事实以及关于市场如何运作的事实，但这些领域从没获得过如此重要的制度性支持。授予科学作为唯一的可以获得传播上特殊支持的特权可能会促使公众形成如下的认知：科学和科学家在更一般意义上的科学中具有认识论上的主导地位，即使在科学知识并不是一个重要因素或关键因素的情况下也是如此。因此，其他非科学的事实和知识难以获得同等程度的认知合法性，这可被视为认知不公正的一种形式（Medvecky, 2018）。例如，全球有不计其数的自然历史博物馆——强化了科学知识是至关重要的这一范式，并且在认知共享方面，这些自然历史博物馆有着悠久的传统。相比之下，第一座也是唯一一座致力于经济的博物馆于 2006 年在墨西哥城开馆。一些中央银行也设有展览馆或小型附属博物馆，但后者是银行主要活动的附属产品，而不是银行的核心功能。这个例子可能会基于经济学远远不能与严格的生物物理科学相提并论的理由而被置之不理，但这正是问题的关键！我们几乎不可能知道的是，我们是否会因为生物物理科学真的值得传播而让我们把它们视为更值得传播，又或者是否因为无数的博物馆、纪录片等一再地强化了对生物物理科学的这种观点而让我们对它们也持有了这种观点。请注意，严谨并不必然与应该获得传播相关。在这种情况下与把经济作为客体而经济学作为帮助我们理解经济的一个知识分支相比，公众把自然想象为一个客体而把科学想象为帮助我们理解这个客体的一个知识分支，这种差异（即一个视为客体，一个视为分支——译者注）所带来的影响会左右我们的社会认知结构，即在社会层面上，我们需要把什么看成是良好的、重要的、可靠的以及有价值的知识。

第二种关切与前者密切相关，这种关切就是生物物理科学在表达尤其强烈的社会偏见方面有着悠久的历史。简而言之，白人男性在科学界的代表比例过高。这里的问题是，因为科学传播通常旨在把科学呈现为一个卓越的认知领域，它无意中强化了刻板印象，并把社会上占主导地位群体的观点在认识论上也确立为占主导地位。由于生物物理科学主要是由在社会上占主导地位的群体所占据的，并且科学传播把科学呈现为良好的知识，所以这进一步强化了的观点是：占主导地位的社会群体同样也是在认识论上占主导地位的群体；在社会上占主导地位的群体更明事理，而其他群体在认识论上则逊色于他们。

最后，尽管科学传播可能会因其在认识论上的贡献而会受到赞扬——它带来了更好的知识，但许多被认为是科学传播的东西几乎没有什么认知内容。实际上，许多科学传播通常明确地表明它是关于如何完全地促进科学的。科学拓展活动经常把其目的陈述为让孩子们对科学感到兴奋，而并不必然地要提供很多知识内容，即便有知识内容的话。从这个意义上说，科学传播的很大一部分更像是给"品牌科学"做广告（Burns & Medvecky, 2018），而不是追求任何重大或有意义的认知结果。

值得注意的是，这些问题并没有使科学传播成为一个糟糕的领域，也没有让其中的每一个或任何一个问题都必然地出现在所有的科学传播活动中。但这些担忧恰恰是：对科学传播可能产生的认知影响力的担忧，因此这些担忧会迫使我们重新考虑作为一个领域的科学传播的表面上的伦理德性。如果科学传播主要是有关知识的——在参与者之间共享知识，使知识易于理解等，那么科学传播造成认知上损害的可能性——对知识产生的世界是什么样子的产生一种错误图景——就意味着，在假设科学传播是一个具有内在伦理道德的领域之前，我们要格外谨慎。如果科学传播不是有关知识的，那么它是关于什么的呢？并且为什么我们一开始就认为它从根本上来说在道德上是善的呢？这并不是说科学传播是不道德的，而是说科学传播本身在伦理上是中立的，不具有内在的伦理德性。因此，科学传播是一门任务驱动的学科，而不是一门危机导向的学科。如果能做得出色，做得合乎伦理，并且在合适的情况下，那么科学传播在道德上就是善的。如果做得糟糕，考虑不周，或者在错误的情况下，那么科学传播同样可能是不道德的。就其核心而言，我们要铭记于心的一种谦卑是：科学传播更像是化学，而非医学研究，与之相伴而来的是神奇和伟大的可能性，但同时也会有危害和局限性。

参考文献

[1] Burns, M., & Medvecky, F. (2018). The disengaged in science communication: Hownot to count audiences and publics. *PublicUnderstanding of Science, 27* (2), 118–130.

[2] Chan, K. M. A. (2008). Value and advocacy in conservation biology: Crisis discipline or discipline in crisis? *Conservation Biology, 22*(1), 1–3.

[3] Cox, R. (2007). Nature's "crisis disciplines": Does environmental communication have an ethical duty? *Environmental Communication, 1*(1), 5–20.

[4] Funk, C., & Kenned, B. (2019). *Public confidence in scientists has remained stable for decades.* PEW Research Center. From https://www.pewresearch. org/facttank/2019/03/22/public-confidence-in-scientists-has-remained-stable-fordecades/.

[5] Funk, C., Smith, G., & Masci, D. (2019). How many creationists are there in America? *Scientific American*. From https://blogs.scientificamerican.com/ observations/how-many-creationists-are-there-in-america/.

[6] Hagan, J., & Palloni, A. (2014). Sociological criminology and the mythology of Hispanic immigration and crime. *Social Problems, 46*(4), 617–632. https://doi.org/10.2307/3097078.

[7] Lafferty, K. D. (2009). The ecology of climate change and infectious diseases. *Ecology, 90*(4), 888–900. https://doi.org/10.1890/08-0079.1.

[8] Medvecky, F. (2018). Fairness in knowing: Science communication and epistemic justice. *Science and Engineering Ethics, 24*(5), 1393–1408.

[9] Meine, C., Soule, M., & Noss, R. F. (2006). "A mission-driven discipline": The growth of conservation biology. *Conservation Biology, 20*(3), 631–651. https:// doi.org/10.1111/j.1523-1739.2006.00449.x.

[10] Morton, J. (2018). Brian Cox: Why anti-science is a threat to our democracy.

NZ Herald. From https://www.nzherald.co.nz/nz/news/article.cfm?c_id=1&objectid=12052496.

[11] Parker, K., Morin, R., & Menasce Horowitz, J. (2019). *2. Worries, priorities and potential problem-solvers: Looking to the future, public sees an America in decline on many fronts*. PEW Research Center. From https://www.pewsocialtrends.org/2019/03/21/worries-priorities-and-potential-problem-solvers/.

[12] Sandbrook, C., Adams, W. M., Büscher, B., & Vira, B. (2013). Social research and biodiversity conservation. *Conservation Biology, 27* (6), 1487–1490. https://doi.org/10.1111/cobi.12141.

[13] Schulman, J. (2019). *The 2018 list of the worst in anti-science*. The Bulletin of the Atomic Scientists. From https://thebulletin.org/2019/01/the-2018-listof-the-worst-in-anti-science/.

[14] Smol, J. P. (2018). *A crisis in science literacy and communication: Does reluctance to engage the public make academic scientists complicit?*. Ottawa, ON: Canadian Science Publishing.

[15] Spenkuch, J. L. (2013). Understanding the impact of immigration on crime. *American Law and Economics Review, 16*(1), 177–219. https://doi.org/10.1093/aler/aht017.

[16] Stocklmayer, S., Gore, M., & Bryant, C. (2001). *Science communication in theory and practice* (Vol. 14). Dordrecht: Springer Science & Business Media.

总结

摘要： 很多科学传播都聚焦于开展有效的传播上。作为本书的结尾，我们回到这样一个观点：有效但不道德就其本身来说是不好的。我们承认，无论是作为一种实践还是作为研究，从事道德上善的以及有效的科学传播都需要资源、努力和专业知识。本章旨在对前面所有的章节进行总结，并给科学传播领域的从业者、研究人员、教师和学生提供一些工具，以帮助他们在有效地从事自己所做的事情时思考他们所做事情的伦理。

关键词： 科学传播伦理；知识伦理；总结

> 永远做正确的事情：这会让一些人满意，而让其余的人震惊。
>
> 马克·吐温（Mark Twain）——给青年的忠告，基督教长老会，1901

正如马克·吐温所说，正确地行事确实令人惊讶。虽然我们大多数人通常想做正确的事，并且我们认为或者感觉我们在大多数时候都是这样做的，但是事实证明，我们通常只是做了而已。而且如果有必要的话，我们会质疑为何这是正确的（Haidt, 2001; Reynolds, Leavitt, & DeCelles, 2010）。虽然道德判断来得很快，但道德推理——如果它会发生的话——最为常见的是发生在事后，并以主要出现在明显地具有道德挑战的案例中。我们总是假设我们只是在做正确的事情，但实际上却很少花时间去论证我们正在做的事情是否真的正确，或者为何正确。如果我们确实用了一些时间来论证我们所做事情的伦理，那这通常也是出现在既定事实发生之后，我们不是将其作为我们所作所为或在道德上更加勇敢的一种正当理由，就是作为我们所作所为的一种批判性反思。而后者在创造新的道德规范方面尤其强大，但其发生的频率要低于前者。为了使有意义的批判性道德反思成为可能以及让道德推理先于行动发生，就需要有一些工具来指导这些推理并让这种推理成为可能。科学传播也不例外。

在支撑科学传播者假设他们正在做正确的事情方面，知识以及人们常常假定的知识的内在价值发挥着重要作用。也许他们在做正确的事情，包括我们两位作者也一样，因为我们也是科学传播者。知识的假定价值还发挥着减弱对批判性道德推理的明显需求的作用。然而，正如已经得到了反复陈述的那样，并非所有的知识在道德上都是值得的。并非所有的科学传播在道德上都是善的。诸如贺建奎公开宣布"基因编辑了婴儿"、电视节目《催化》关于他汀类药物的两集系列节目或者民防部部长告诉拉奎那居民"形势一片大好"这样的例子都让对科学进行传播所面临的道德挑战清晰起来。

重要的是，我们需要暂时停下来，思考一下知识伦理以及把知识公之于众的伦理——这是谁的知识？为了谁？出于什么原因？以什么为代价（社会和经济）等，因为无法仔细思考这些问题就会导致极其危险的自以为是的、不受质疑的行为。这也是很重要的，因为在科学传播领域中工作的大多数人实际上确实都想做正确的事情。如果不花点时间去做一些批判性反思，不停下来去考虑我们的行动的道德立场，就没有办法评估我们的所作所为有多么正确。搞清楚到底是什么构成了合乎伦理的科学传播的确会拖慢推理的速度，而且还需要工具来指导这种推理。我们可以把其中一些工具当成借鉴和反思的案例研究，另一些则可以作为指导以及建设我们推理的理论基础，我们可以从科学传播本身的道德立场开始。

虽然在特定情况下的科学传播可好可坏，但是没有理由认为它本质上是善的或恶的。有人一直呼吁将科学传播视为一门危机导向的学科，显然它的相近学科——环境传播——已经被设定为一门危机导向的学科了，但是如果存在与科学相关的一种危机的话，那它也是一种在认识论上令人担忧的危机，而不仅仅是一种在科学上令人担忧的危机。这首先就提供了一个坚实的基础：科学传播在本质上没有好坏之分，当它出于正确的理由、以恰当的时间实施得当的时候，它在道德上才是善的。如今我们需要一些工具，目的是找出合乎伦理的科学传播的内容、方式、时间和对象。

为了在对科学进行传播时合乎伦理，我们需要重新审视我们与知识的关系，我们与科学传播的内容的关系以及我们与我们置于这种知识之上的价值，也就是其效用的关系。这开始于承认知识和知道是完全不同的事情，可以认为，作为科学传播核心资源之一的信息有时候尴尬地介于两者之间。更重要的是，知道并不总是有益的，有时忽视（不是无知）也可能是有价值的。鉴于信息可能会给那些牵扯到传播之中的人带来影响，所以需要认真地考虑信息的（非）重要性、（非）可用性和（非）相关性。知识和信息的价值开启了我们走向科学传播伦理的旅程，它说明了核心内容，即科学传播的内容。但是内容可以通过多种方式为多种目的而呈现。我们如何传播这些内容——无论是讲故事、推销，还是构思框架——都不是一个价值中立的选择。每一种传播方式都表达了科学传播多重的有时相互冲突的愿望——从说服到参与再到包容。科学传播的方式也会影响我们所说内容的精确性以及我们所呈现和想象的科学形象的精确性和科学家形象的精确性。

与其他任何事情一样，科学传播的内容和形式发生在历史上宏观的和微观的某一时刻，既发生在具有宏大背景的历史之中，也发生在个人层面上的历史之中。相比于科学传播的内容或方式，科学传播的时机受到的关注可能较少，但时间和时机在传播中的重要性却是合乎伦理的传播的核心。通过思考时机而产生的见解意味着要从"了解你的观众"跨越到"了解观众的需求和紧迫感"。这意味着我们需要了解我们对其进行传播的目标对象的历史，并且用一些时间倾听他们对未来的计划、他们的关切和渴望。如果我们想进行传播的话，那么认识到时间在伦理实践中的重要性会让我们的行为更符合伦理、给伦理反思留一些时间，并且安排一些时间来建立我们势必需要的那些关系。它也要求我们花点时间从伦理上反思科学传播的对象。和其他任何传播一样，科学传播在本质上是关系性的。它涉及关系的多元性，从出资人—实践者的关系到传播者—公众的关系以及国家—公民的关系。思考科学传播的对象不仅是单纯地考虑谁应当牵涉其中，也是在思考这些关系理应展现出的品质。

长期以来，人们一直建议科学传播者思考他们传播的内容、方式和对象以及传播的时机——虽然频率较低。你的信息是什么？你将如何给它设置框架/讲述它？谁是你的受众？这些都是为进行有效的科学传播而需要解决的关键问题。但是，只注重于有效而忽略伦理道德有着一段危险的历史。塔斯基的研究在科学上是有效的，至少在大部分时间以来都被认为如此，但它广泛地以及正当地被看作对科学的一种憎恶（Shmaefsky, 2010）。虽然有效性绝对是一个值得追求的目标，但是它本身并不等同于合乎伦理。然而，当科学传播涉及伦理和公平的问题时，它往往又退回到了对有效性的关注上（Besley & McComas, 2013; Spitzer, 2017）。仅仅成为一个有效的科学传播者是不够的，这种有效性需要通过有意义的、独立的道德推理来调节。从伦理上来说，效用、时机、精确性和宽宏大量的原则是有效的科学传播的内容、时间、方式和对象的对立物。

与科学传播的实践一样，科学传播的教学和培训的主要焦点一直着眼于有效性上，从讲述引人注目的故事到引人入胜的展览。本书提出的原则为科学传播中的任何伦理培训都提供了一个起点，它也提供了一个基础，允许并欢迎对理论概念和资源进行推理，以有效地应对案例研究和它们提出的议题。

关于科学传播的伦理，还有更多可以谈论的东西，尽管在科学传播的具体方面已经有了一些对道德问题的讨论，本书中提出的原则提供了更多的东西。它们为作为整体的科学传播伦理提供了初次尝试。科学传播中伦理问题的一个特征是它的"伦理混杂性"，这种混杂性要求科学传播者一方具有独特的伦理意识。科学传播中的许多但不是所有的伦理问题都源于科学中的伦理问题。因此，对不合乎伦理的科学进行较好的传播就需要一些额外的推理——如何、为何、何时进行传播，以及需要注意我们提到的上述原则。科学传播者肩负着能够对科学和科学传播进行推理的重任。科学传播中的一些伦理问题源于对传播伦理的违背。科学传播者也承担着对这些问题进行推理的责任。实际上，虽然精确性原则围绕着"科学传播"在科学方面的认知严谨性，但是宽宏大量原则却围绕着"科学传播"在传播方面的关系的不可避免性。在对这个领域的混合性基础做出回应的原则为依据来提出科学传播伦理，本书为科学传播研究人员和实践者提供了一个机会，让他们在接纳这个领域的独特特征的同时参与、定义和设定自己的规范。

纵览全书，除了主张把我们上述提出的原则作为对科学传播进行合乎伦理的思考的起点之外，我们在这个过程中还注意到了一些有助于我们对科学传播进行合乎伦理的思考的有用指南。它们当然是有争议的，我们希望这本书可以产生的一种影响就是，鼓励这种争议并提出其他的前进方向。

（1）对于伦理实践来说，对议题进行深入而透彻的思考，并能够就一个人该如何行事做出理性的决定是至关重要的。在让我们能够继续进行这种推理的过程中，拥有能帮助我们这样做的理论工具和概念工具也同样重要。因此，我们在本书开头部分引入的"中间道路"，它适用于科学、传播以及科学传播中的伦理问题。

（2）我们并非没有指引我们前进的指南——科学规范、生物伦理原则，当然，职业的道德守则和应用传播情境都可以帮助我们。对负责任的研究与创新的讨论以崭新的方式提出了这个问题。

（3）科学传播者有责任和义务。无论是策展，还是让信息更加准确易懂，或了解它们在历史上的地位，传播者都有特殊的责任。这些责任和义务意味着科学传播者需要知道更多，需要了解更广泛的历史或乐于接受其他观点。

（4）传播是关于信息的，而知识是一项个体的或集体的成就。科学传播者在宽宏大量地展示信息的同时，也应该对知识保持谦逊。

（5）偶然的无知是无法接受的，有意的忽视（消极地知道）可能是有价值的。我们需要考虑的是，对信息进行传播的方式可能会对个人或社会造成伤害或阻碍，以及消极地知道的潜在益处。我们需要考虑所传播信息的（非）重要性和（非）相关性。

（6）科学传播发生在嵌入着经济性因素的各种环境中。忽视这一现实会限制我们对到底什么才是科学传播这一问题的回答；允许这一现实支配科学传播则会削弱实践的价值。因此需要考虑被传播的信息的公正性——即其准确性以及传播者的公正性。

我们要诚挚地感谢的是，本书中提出的原则和指南来自科学传播领域不断增加的研究文献，也来自我们在其他学科中阅读到的文献，以及来自与敏锐的学生、科学传播理论家和从业者的对话和讨论。这本书尚未完整，只是暂时完成的状态。我们希望它为更好的实践、更好的伦理讨论提供一些可能性，以及为科学传播中持续的伦理修订提供一个机遇。

参考文献

[1] Besley, J. C., & McComas, K. A. (2013). Fairness, public engagement, and risk communication. *Effective risk communication* (pp. 134–149). New York: Routledge.

[2] Haidt, J. (2001). The emotional dog and its rational tail: A social intuitionist approach to moral judgment. *Psychological Review, 108*(4), 814–834. https://doi.org/10.1037/0033-295X.108.4.814.

[3] Reynolds, S. J., Leavitt, K., & DeCelles, K. A. (2010). Automatic ethics: The effects of implicit assumptions and contextual cues on moral behavior. *Journal of Applied Psychology, 95*(4), 752–760. https://doi.org/10.1037/a0019411.

[4] Shmaefsky, B. (2010). *Syphilis: Deadly diseases and epidemics.* New York: Chelsea House.

[5] Spitzer, S. (2017). *Five principles of holistic science communication.* From https://blogs.lse.ac.uk/impactofsocialsciences/2018/04/12/five-principlesof-holistic-science-communication.